BABY
Seelen

KATE BONO

Bibliografische Information der Deutschen Nationalbibliothek: Die Deutsche Nationalbibliothek verzeichnet diese Publikation in der Deutschen Nationalbibliografie; detaillierte bibliografische Daten sind im Internet über http://dnb.dnb.de abrufbar.

Lektorat/Redaktion/Autorin: Kate Bono

Korrektur & Gemecker: Ute Breuer
Cover/Fotos: Anna Carina Porth | freilux.de
Beratung: Cheyenne & Sheila Klimaschewski

Coverbild-Urhebervermerk
© Kate Bono | katebono.com & freilux.de

Licenced for commercial use:
Font: APALU by Syafrizal a.k.a. Khurasan

Herstellung und Verlag:
BoD – Books on Demand, Norderstedt

ISBN: 978-3-7504-0596-7

✳*May* YOU TOUCH

dragonflies AND *stars,*

dance WITH *fairies*

AND TALK TO THE *Moon* ☽

FOR *Daniel* ♥

MÖGEST DU

LIBELLEN UND STERNE BERÜHREN,

MIT DEN FEEN TANZEN UND

DICH MIT DEM MOND UNTERHALTEN

KapITEL

INSpiration

Gott, das Universum, die Quelle...

Wie du es auch nennst – es schickt uns immer das, was wir brauchen oder ruft uns damit, wenn es *uns* braucht. Manchmal sind wir blind und sehen es nicht, manchmal sind wir taub und hören es nicht, aber manchmal sind wir aufmerksam und dann verstehen wir, dass Gott eine Menge Humor hat.

Es war August 2017. Ich hatte das Gefühl, etwas will *geboren* werden, will raus aus mir, aber ich kam nicht drauf was es denn sein soll. Bei Facebook las ich News von einigen spirituellen Lehrern wie Deepak Chopra oder Neale Donald Walsh und ich dachte mir: *Mensch, ich hab schon oft gehört, dass manche Schriftsteller einen richtigen Drang verspürten ein gewisses Buch zu schreiben – das habe ich auch, aber es kommt noch nicht aus mir raus. Ich wünschte, das käme so leicht, wie bei den großen Meistern.*

An einem Abend schaute ich den Film *Arrival*, ein Science-Fiction-Film aus 2016. Aus dem Nichts landen einige außerirdische, muschelförmige Raumschiffe an verschiedenen Orten der Erde. Die Menschen versuchen zu den Aliens verzweifelt Kontakt aufzunehmen und ihre

Kommunikationsweise zu entschlüsseln, denn man versteht die Signale und Absichten der Besucher einfach nicht. Die Hauptdarstellerin, die von der Regierung zur Entschlüsselung herangezogen wird, eine Linguistin, geht mit derselben Begeisterung an die Problematik ran, wie ich es auch tun würde – mit Neugier, Respekt, Mitgefühl und dem Drang es verstehen zu wollen. Der ganze Film erinnerte mich an mich und meine *Seelenkontakte*, vor allem an die *Babyseelen*. Die Message von *Arrival* ist tiefgreifend und inspirierend.

Am nächsten Tag lag ich in der Sonne und hatte plötzlich die Eingebung, das Buch *,Gespräche mit Gott' von Neale* Donald Walsh noch einmal zu lesen, was schon ein paar Jahre in meinem Regal verstaubte. Ich ging in mein Wohnzimmer und griff den ersten Band aus dem Bücherstapel.

Was liegt denn da drin, wunderte ich mich, öffnete die Seite und eine Autogrammkarte rutschte mir entgegen.

,Für Kate von Mark'

„Ich hab' mal Mark Medlock getroffen? Kann ich mich überhaupt nicht dran erinnern." Für mich sind solche Happenings immer *Hinweise vom Universum*, dass sie mir irgendetwas mitzuteilen haben. Ich blickte neugierig auf den Satz der direkt über der Karte rechts im Buch geschrieben stand. Eine Frage, die Gott an Neale stellte:

„*Was ist das Verlangen der Seele?*"

„Mark etwa?", schoss es lachend aus mir heraus. Ich nahm das nicht wirklich ernst, aber schon auf dem Weg zurück zur Terrasse, klang die Frage in mir nach.

Was ist das Verlangen meiner Seele? Ja, das wüsste ich gerne!

Ich schlug das Buch noch einmal bei Seite 260 auf, in der das Autogramm drin steckte und schaute mir die linke Buchseite genauer an. Ich war so erstaunt über das, was ich anschließend las, dass ich auch die beiden Seiten davor überflog. Für mich ist es jedes Mal wieder faszinierend, mit welcher Präzision das Universum uns antwortet. Zwar hatte ich gerade in diesem Moment keine Frage gestellt, sie schwirrte jedoch seit Wochen in meinem Kopf herum. Auf den besagten Seiten stand ziemlich haargenau etwas über meine schwierige Situation mit einer Kollegin.

Kurz zusammengefasst verhielt ich mich brav, rücksichtsvoll, machte einen guten Job und war ein Teamplayer... doch diese neue Kollegin war das genaue Gegenteil: sie hatte keinen Bock zu arbeiten, war rücksichtslos, unfreundlich und arbeitete zudem nur für sich alleine... Ich dachte in den letzten Monaten oft, dass es doch nicht sein kann, dass sie damit durchkommt. Es frustrierte mich, dass ein Mensch mit dieser unverschämten und dreisten Art auch noch Erfolg hat.

Genau davon schrieb Neale in seinem Text: Dass wir unsere Erfahrungen aufgrund unseres *Seins*-Zustands machen. Auf Dauer wird es nicht funktionieren, sich so negativ zu verhalten, auch wenn es für mich für eine Weile so aussah. Ich hatte alles richtig gemacht, denn ich hatte vor einigen Wochen nachgegeben und mich zurückgezogen. Nicht aus Resignation, sondern weil ich darauf vertraue, dass jeder letztendlich sein eigenes Grab schaufelt. Nach einer Weile dann eröffnete sich genau das: Man entdeckte das Grab, welches sie sich geschaufelt hatte und das war sehr tief. Sie gräbt jetzt in einem anderen Unternehmen. *Karma, Baby.*

Genau diese Situation ‚Gute Kollegin, schlechte Kollegin' besprach *Gott* auf diesen Seiten mit Neale – phänomenal! Ich bin begeistert von diesem kosmischen Humor und der Art und Weise, wie das Universum (oder Gott oder die Geistige Welt) uns Dinge aufzeigen kann und Fragen beantwortet. Allerdings auch mit einem Seitenhieb auf mich selbst und meine Lebensgewohnheiten.

Dennoch war ich nicht zufrieden. „Hey, danke, das hat gut getan. Aber das ist noch keine Antwort auf meine Frage, was das Verlangen meiner Seele ist."

Die Antwort kam prompt. Und zwar von einer mittlerweile sehr vertrauten *Energie.*

„Schreibe über die Babyseelen!", sang es in meinem Kopf. Aber ich wusste auch, dass es nicht nur um die Babyseelen geht, sondern um viel mehr – um Seelen, innere Kinder, Geister und meinen Weg, wie ich diese Energien überhaupt kennen lernte.

Und so begann ich dieses Buch zu schreiben, wohl wissend, dass ich hier ein Terrain betrete, für das mich manche belächeln könnten. Aber dieses Risiko gehe ich ein.

Jeder hat seine eigene Realität, seine Sicht auf die Dinge. Ich erzähle hier nicht, dass ich *die* Wahrheit erzähle, sondern meine Erfahrungen, das was ich erlebe und was für mich zu meiner aktuellen Realität gehört.

ÜBER INNERE KINDER,
BABYSEELEN & ANDERE GEISTER

✳ *Feel* YOURSELF AS A *child* AGAIN.

FEEL THE *Magic* THAT

SURROUNDED *you* WHEN YOU WERE SO

connected TO YOUR *Heart*

THAT THE WORD *impossible* DIDN´T EXIST.

FEEL THAT *Heart* AND

BRING IT BACK TO *life.*

Love IS THE *way* ♥

ROXANA JONES

FÜHLE DICH SELBST WIEDER WIE EIN KIND.

FÜHLE DIE MAGIE DIE DICH UMGIBT, WENN DU SO
VERBUNDEN BIST MIT DEINEM HERZEN, DASS DAS WORT
UNMÖGLICH NICHT EXISTIERT. FÜHLE DIESES HERZ UND
BRINGE ES ZURÜCK INS LEBEN.

LIEBE IST DER WEG.

ZEITreise

1983   Niki war zehn Jahre alt, als sie wieder einmal wach in ihrem Bett lag und nicht schlafen konnte. Die Angst erdrückte sie regelrecht, wie immer. Mama, Papa und die beiden Brüder waren gefühlt unendlich weit weg, das Haus war riesig und hatte viele Zimmer. Zwischen ihr und dem Rest der Familie lagen Welten - mehrere Flure und Zimmer, alle durch Türen getrennt, und auch durch zwei Treppenabgänge. Niki war alleine in dem einen Teil des Hauses, der früher nur für Gäste genutzt wurde. Der Zugang zum dunklen, alten Dachboden befand sich in der Decke direkt vor ihrer Zimmertür. Sie wusste, dass sie nicht zu ihren Eltern ins Bett konnte - die wollten ihre Ruhe haben.

Niki hatte oftmals Alpträume und die Furcht, wenn sie wach im Bett lag, fraß sich durch ihren Verstand. Sie hatte Angst vor Geistern, Monstern, vor Vampiren, aber auch vor Einbrechern und vor allem vor Feuer. Nacht für Nacht überlegte sie sich Fluchtwege und Lösungen, was sie tun könnte, wenn es brennen würde. Sie zog die Decke über das Kinn bis zur Nasenspitze, damit der Vampir nicht an ihren Hals käme - sie hatte unbändige Angst, gebissen zu werden. Niki spürte so viele Energien und Dinge, die andere weder sehen, hören noch fühlen konnten, deshalb fühlte sie sich alleine mit ihrer Angst.

Sie war sich sicher, dass etwas um sie herum existierte, aber nicht was es genau war. Sie konnte das Fremde fühlen, aber nicht sehen.

Das kleine Mädchen hielt so gut es ging die Luft an oder atmete nur noch flach und leise - um ja nicht gehört zu werden, aber um alles hören zu können und, umso leise wie möglich zu sein. Sie atmete viel zu kurz und viel zu wenig, ein großer Druck lastete auf ihrer Brust. Nacht für Nacht schlief sie vor Erschöpfung oft erst in den frühen Morgenstunden ein.

Eines Nachts stand Niki auf. Sie hatte wieder schlecht geträumt und ihr Herz klopfte wie wild. Die Kleine fühlte sich alleine. Sie hatte keine Freunde, war überzeugt ihre Eltern liebten sie nicht, weil sie immer nur mit ihr zu schimpfen schienen und die Einsamkeit hüllte sie wieder einmal vollständig ein. Sie nahm allen Mut zusammen, um überhaupt ihr Bett zu verlassen. Niki war noch klein, doch ihre Courage schien größer zu sein, als die lähmende Furcht. Ihr liefen Tränen die Wangen hinab, als sie sich zitternd aus dem Bett schälte, sich an ihr großes Fenster stellte und in den Sternenhimmel blickte.

"Bitte, holt mich nach Hause, ich gehöre hier nicht hin!", sagte sie ganz leise und weinend in die Stille der Nacht. Niki war seit sie denken konnte davon überzeugt, dass sie hier nicht hingehörte. Sie fühlte sich verlassen und war sich sicher, dass sie von Außerirdischen abstammte, die sie auf der Erde vergessen hatten. Sie hatte vieler solcher Ideen und wurde von anderen Kindern manchmal die "Märchentante" genannt. Kaum jemand nahm sie ernst und Niki ließ ihrer Phantasie fast nur noch in Bildern und Geschichten, in ihrem Tagebuch und auf unzähligen Blättern freien Lauf.

In dieser Nacht war es ganz besonders schlimm: Sie wollte nicht mehr hier bleiben, sie wollte nicht mehr leben.

Plötzlich fühlte Niki sich, als wäre sie nicht alleine im Zimmer. Sie wurde ganz starr und traute kaum sich zu bewegen. Das Kind stand immer noch am Fenster und hielt die Luft an. Sie hörte nichts, die Zimmertür hatte sich nicht geöffnet, aber dennoch war jemand mit ihr im Raum, das fühlte sie ganz stark. Niki nahm erneut ihren ganzen Mut zusammen, drehte sich herum - sah aber nichts - rannte in ihr Bett, zog die Decke bis zur Nasenspitze und hatte das Gefühl ihr Herz würde vor Angst gleich aufhören zu schlagen. Sie kniff voller Panik die Augen zusammen und hoffte so, dass das, was da im Raum wäre, einfach wieder gehen würde. Das ließ das Mädchen nur noch unruhiger werden. Wie sollte sie sich schützen, wenn sie etwas angriff und sie es nicht kommen sah.

Niki öffnete ganz langsam und vorsichtig die Augen, konnte jedoch in der Dunkelheit nicht viel erkennen, denn es schien nur wenig Licht durch ihr Fenster von draußen herein. Sie spürte einfach, dass da etwas war und es verängstigte sie enorm.

Das Mädchen versuchte sich zu beruhigen: ,Da ist nichts. Papa sagt immer, da ist nichts, Geister gibt es nicht...', doch plötzlich bildete sich ein Lichtschein, wie ein leichter Nebel mitten in ihrem Zimmer, genau vor ihrer Tür. Nikis Herz raste, sie kniff erneut die Augen zusammen in der Hoffnung, dass es nur ein vorbeifahrendes Auto wäre, welches sein Licht in den Raum strahlte. Als sie die Augen wieder öffnete, stellte sie jedoch fest, dass der Nebel nur noch dichter geworden war und er schien eine erwachsene Person zu umhüllen. Vielleicht würde der Nebel verschwinden, wenn sie ihn nur beobachten und es dann irgendwann hell werden würde.

‚Dann würden Mama und Papa kommen und mich retten.' *Sie musste nur so lange wach bleiben...*

Der Nebel begann sich zu bewegen, er näherte sich Nikis Bett. Sie wollte schreien - doch der Nebel, dieser Geist, oder was auch immer das war, kam weiter auf sie zu und ihr blieb ein Schrei im Hals stecken. Sie war wie paralysiert, unfähig sich zu wehren.

Das Wesen kam immer näher, blieb einen kurzen Moment an ihrem Bett und beugte sich über sie. Der Nebel schien in sie hinein zu fließen, sich mit ihrem Körper zu verbinden.

Urplötzlich spürte Niki eine unglaubliche Ruhe, eine friedliche Nähe zu diesem Wesen - Niki hatte unerwartet keine Angst mehr. Es fühlte sich vertraut an.

Das kleine Mädchen dachte an ihren Großvater, der vor kurzem gestorben war und war sich sicher: ‚Das ist bestimmt mein Opa, der gemerkt hat, dass ich Angst habe und ist gekommen, um auf mich aufzupassen...'

Völlig beruhigt konnte das Kind daraufhin friedlich einschlafen. Erzählen würde sie es keinem, denn jeder würde es nur für ein weiteres Märchen halten, das Niki erfunden hatte.

Doch die Erinnerung blieb.

Be WHO YOU *need*

WHEN YOU WERE

younger. ♥

UNKNOWN

SEI DER MENSCH, DEN DU

GEBRAUCHT HÄTTEST

ALS DU JÜNGER WARST.

Im Zimmer wurde es eiskalt. Ich zog *2005* meine Decke enger um mich herum und überlegte aufzustehen, um die Heizung zu überprüfen. Plötzlich merkte ich, dass ich am ganzen Körper eine Gänsehaut bekam und mein Herz begann wie wild zu klopfen. *Was geht hier vor sich?*

Es war Winter, aber das Klinikzimmer war beheizt. Meine Kinder lagen in ihrem Doppelstockbett im selben Zimmer, mein Bett stand mit einem Meter Abstand daneben an der Wand. Mein Kopf lag zur Tür, meine Füße Richtung Fenster. Wir waren zur Mutter-Kind-Kur in Oberstaufen im Allgäu, mitten in den verschneiten Bergen von Steibis und die Nächte waren bisher sehr ruhig gewesen. Die Vorhänge waren zugezogen, nur wenig Licht fiel von Draußen herein. Ich wollte mich bewegen, doch war wie paralysiert. Etwas war im Zimmer, ich spürte es. Vor lauter Angst begann ich das ,Vater unser' zu beten und bettelte, dass das, was auch immer es sei, bitte wieder verschwinden soll. Dieses Gebet war, obwohl ich nichts mehr mit der Kirche und dem christlichen Glauben am Hut habe, immer eine Art Schutz. Wie ein Mantra, bei dem ich mich sicherer fühlte, wenn ich es benutze.

Ich spürte, wie etwas von der Tür hinter mir näher kam und in meinen Augenwinkeln sah ich einen dunklen Schatten. Dieser blieb zwischen dem Bett meiner Kinder und meinem eigenen stehen. Ich betete weiter, in meinem Kopf, denn ich hatte einen Kloß im Hals und konnte nichts sagen. So gerne hätte ich geschrien.

Es ist nur ein Traum, Kate, es ist nur ein Traum. Ich kniff meine Augen zusammen, traute mich kaum zu atmen.

Bitte geh wieder weg, bitte tu meinen Kindern nichts, bitte geh wieder weg, flehte ich in Gedanken dieses gruselige Etwas an. Die Augen zusammen zu kneifen war keine gute Idee, es steigerte nur noch die Furcht, dass da etwas war, was ich nicht sehen konnte und bei dem ich nicht wusste, was es als nächstes tun würde. Ich öffnete meine Augen einen Spalt, in der Hoffnung ich hätte mir das doch nur eingebildet. Doch da war er immer noch. Der Schatten verharrte noch einige weitere Sekunden an seiner Stelle und bewegte sich nicht, er stand einfach nur da. Genaues konnte ich nicht erkennen, da ich mich immer noch kein Stück bewegen konnte. Er schien mich zu beobachten. Ich spürte die Furcht in jeder Faser meines Körpers, am stärksten war die Angst um meine Kinder. *Geh weg!*

Kurz drauf schwebte der Schatten wieder zum Eingang zurück. Einen weiteren Augenblick später konnte ich mich wieder bewegen, sprang aus dem Bett und blickte zur Tür, erwartend, dass der Schatten mich mit bösen Augen anblicken würde. Ich würde kämpfen und meine Kinder beschützen, vor was auch immer das war.

Es war weg.

Augenblicklich wurde es wieder wärmer im Zimmer. Beide Kinder schliefen still und ruhig, ich strich beiden liebevoll über die Wangen und deckte sie ordentlich zu. Ich brauchte lange, um überhaupt wieder einschlafen zu können, während ich mir Gedanken machte, dass ich mir sicher alles nur eingebildet und schlecht geträumt hätte.

Am nächsten Morgen, auf dem Weg aus meinem Zimmer, traf ich direkt auf Karin. Die Mama einer anderthalbjährigen Tochter aus Köln, wohnte im Zimmer direkt gegenüber von mir. Sie sah fertig aus und lachte nicht, als sie mir einen guten Morgen wünschte. Eigentlich war sie eine Kölner Frohnatur.

„Alles in Ordnung?", fragte ich.

„Hör mir bloß auf, ich hab´ die ganze Nacht nicht geschlafen, frag´ mich nicht warum, denn ich trau mich nicht, das irgendwem zu erzählen. Das glaubt mir ja keiner!"

„Was war denn?", fragte ich dennoch neugierig. Die Kölnerin zog mich zur Seite, während unsere Kinder bereits zum Aufzug rannten. Meine Achtjährige hatte Karins kleine Maus an der Hand, meine Fünfjährige versuchte verzweifelt und mit ständigem Hüpfen den Aufzugknopf zu erreichen.

„Ich will das nicht vor den Kindern erzählen und bitte, lach mich nicht aus! Ich glaub' an so was nicht, aber was ich heute Nacht erlebt habe, krieg' ich nicht auf die Kette. Das muss ich dir einfach später erzählen." Einen Moment lang überlegte ich, ihr jetzt schon zu sagen, dass ich ahnte, was sie mir erzählen würde, wollte ihr aber nicht noch mehr Angst machen. Mir grauste es nämlich schon genug für uns beide. Ich wollte nicht, dass meine Kinder irgendetwas mitbekamen, was sie verängstigen könnte.

Nach dem Frühstück brachten wir die Kinder in die Betreuung und setzten uns für einen Kaffee in die kleine Küche unserer Etage, auf der sich die Zimmer befanden.

„Kate, bitte, halte mich nicht für bescheuert. Wenn mir das jemand anderes erzählt, würde ich mich kaputt lachen und kein Wort glauben. Wir kennen uns ja kaum, aber ich muss mit jemandem darüber reden. Außerdem hab ich Angst heute Nacht wieder in meinem Zimmer schlafen zu müssen."

Bei ihren Worten nahm mein Kloß im Hals das doppelte Volumen an, weil ich mir sicher war, dass sie ebenfalls Besuch von diesem *Schattenwesen* gehabt hatte. Aber ich sagte immer noch nichts.

„Heute Nacht bin ich aufgewacht, weil es eisekalt im Zimmer wurde. Ich wollte aufstehen, doch ich konnte mich nicht bewegen. Du kennst mich ein paar Tage, ich bin eine, die vor nix Angst hat. Aber sich nicht bewegen zu können, da setzt's aus. Und dann, ich trau mich's kaum zu sagen, dann kam da ein Schatten durch die Tür... *geschwebt*... so eine dunkle Gestalt. Der is' geschwebt, ich schwör's. Ich hatte die Vorhänge zugezogen und es war ja nicht viel Licht im Zimmer, aber das, was ich da gesehen habe, hat mir so höllische Angst gemacht...", Karin griff theatralisch meinen Arm und hielt mich fest, als wolle sie sicherstellen, dass ich nicht weglaufe. „Ich wollte schreien, aber das ging nicht, ich habe keinen Ton rausbekommen und dann kam der Scheisskerl und setzte sich auf mein Bett neben mich. Ohne Scheiss, ich habe gespürt, wie sich das Bett unter seinem Gewicht bewegt hat. Die Stelle war eingedellt genau da wo sein Hintern gelandet ist. Das war kein Mensch, das war ja nur so ein Schatten, der is' ja auch durch die geschlossene Tür gekommen."

Bei ihren Worten wurde mir übel und erneut überzog eine Gänsehaut meinen ganzen Körper.

„Du glaubst mir kein Wort, oder? Ich schwör's dir! Ich würde das nie erzählen, wenn ich nicht sicher wäre, dass ich nicht doch nur geträumt hätte." Karin drückte meinen Arm noch energischer, als würde sie mich regelrecht anbetteln, sie nicht auszulachen.

„Karin, du wirst es nicht glauben, aber er war auch bei mir." Die Augen der Kölnerin wurden riesengroß.

„Du hast ihn auch gesehen? Ich bin also nicht bescheuert? Oder, verscheißerst du mich?"

„Nein, ich verarsch dich nicht, das ist mein voller Ernst. Ich hab´ gedacht, dass ich geträumt habe, aber es war so real und ich war total wach."

„Jaaa, ich ja auch! Der Schatten ist dann aufgestanden und hat sich an Isabellas Bett gestellt und reingeglotzt. Mann, ich hätte den Drecksack so gerne umgehauen, aber ich konnte machen was ich wollte, ich konnte mich nicht bewegen…"

„Wie paralysiert, oder?"

„Ja, genau, das ist das richtige Wort. Sozusagen *sediert* von den Augen abwärts."

Wie auch bei mir, war der Schatten bei ihr nach wenigen Augenblicken wieder verschwunden. Karin konnte sich in dem Moment ebenfalls wieder bewegen und es wurde sofort wieder warm im Zimmer.

„Dann hab´ ich die ganze Nacht am Bett von meiner Tochter gesessen und kein Auge mehr zugemacht. Was war das, Kate? Ich will wissen, was das war – ich bleib hier keine Nacht mehr!"

Wie auch Karin, wusste ich kein Stück, was das für eine Gestalt in der Nacht gewesen sein könnte. Es machte uns Angst, auch wenn er uns nichts getan hatte. Auch ich würde keine Nacht mehr schlafen können, da war ich mir sicher.

Keshia und Raniana gesellten sich zu uns, ich hatte sie den ganzen Morgen noch nicht gesehen. Die Russin und die Polin wohnten auf derselben Etage wie wir, lediglich etwas weiter hinten im Flur. Sie waren an diesem Morgen nicht beim Frühstück unserer Gruppe gewesen, was uns gewundert hatte.

„Wo wart ihr denn?", fragte ich die beiden.

Die Frauen blickten sich fragend an, so als würden sie überlegen, was sie uns erzählen sollten.

„Wir haben die ganze Nacht nicht geschlafen", antwortete Keshia zerknirscht.

„Habt ihr auch einen Geist gesehen", flachste Karin mit einem scherzhaften Unterton, der, wie ich wusste, unsere Wahrheit enthielt.

Erneut schauten sich Keshia und Raniana an, diesmal mit einem sehr überraschten Blick.

„Wie kommst du darauf?", Keshia setzte sich neben mich.

„Wir haben heute Nacht einen Geist gesehen", antwortete Karin ihr kurz und knapp.

Raniana ließ einen spitzen Schrei los. „Nein, hört auf mit dem Scheiss, ich will das nicht hören!"

Keshia brachte sie mit einem „Tztztz!" zum Schweigen. „Also haben Patrick und ich uns das nicht nur eingebildet. Siehst du!", fuhr sie Raniana an. Diese hatte wohl keinen Geist gesehen, schlussfolgerte ich.

Keshia erzählte uns eine ähnliche Geschichte, wie wir sie erlebt hatten. Sie war aufgewacht, weil es eiskalt im Zimmer wurde. Sie konnte sich nicht bewegen, nahm einen Schatten wahr, der das Zimmer durch die Tür *betreten* hatte und dieses Ding verharrte, wie auch bei uns, für einen Moment mitten im Zimmer. Anders als bei uns jedoch, wurde ihr zehnjähriger Sohn ebenfalls wach, war sofort aus dem Bett gesprungen und hatte den Schatten angeschrien.

„Patrick ist voll auf das Ding losgegangen. Als er mit einem Satz aus dem Bett war und losbrüllte, konnte ich mich wieder bewegen und hab´ sofort das Licht angemacht. Da war der Kerl weg."

Raniana war leichenblass.

„War er auch bei dir?", fragte Karin sie neugierig.

„Nein, war er nicht. Ich hab´ das Geschrei von Patrick gehört und bin sofort rüber zu den beiden. Dann haben meine Tochter und ich mit ihnen zu viert im Zimmer die Nacht verbracht. Ich brauch´ das Ding nicht sehen, ich hab auch so genug Angst. Ich bleib hier keine Nacht mehr alleine im Zimmer!"

Nun waren wir alle vier verwirrt. Eine Erklärung hatten wir immer noch nicht, doch die mussten wir irgendwie finden. Entweder litten wir gerade an einer Massenhysterie und Wahnvorstellungen, oder hier ging wirklich etwas Gespenstisches vor. Wir beschlossen unsere russische Ärztin der Klinik zu fragen. Irgendwie hat man bei so was das Gefühl, mit russischen Menschen eher drüber reden zu können, als mit Deutschen. Aber ob die uns glauben würde?

„Ja, das glaube ich euch und das ist nicht das erste Mal", die Ärztin erntete acht Augenpaare, die sie fassungslos mit herabhängenden Kinnladen anstarrten. "Ihr braucht keine Angst zu haben, bisher ist noch nie etwas vorgefallen, es ist nie jemandem etwas passiert. Hier war früher zu Kriegszeiten ein Lazarett, viele Menschen sind in diesem Haus gestorben. Später am Ende des Krieges war es ein Genesungsheim für kranke Mütter und Kinder. Einige haben es aber nicht geschafft. Wer weiß, wer hier noch so rumgeistert", die Ärztin schien das amüsant zu finden.

„Sie können darüber lachen, sie müssen ja hier auch nicht übernachten", motzte Karin.

Die Ärztin schmunzelte. Dann blickte sie mir direkt in die Augen und klang verschwörerisch.

„Aber... du müsstest doch wissen, was dieser Schatten wollte."

Ich schaute erst Karin und dann Keshia neben mir an, danach wieder die Ärztin, da ich mir nicht erklären konnte, warum sie *mich* angesprochen hatte.

Doch alle Blicke waren auf mich gerichtet. Die Ärztin wissend, die drei Mamas fragend.

„Ich? Warum ich?", fragte ich ernsthaft überrascht.

Wieder schmunzelte die Ärztin, das ging mir schon fast auf den Keks. „Kate, du bist ein Medium, weißt du das etwa nicht?"

Doch, das wusste ich. Irgendwie zumindest. Und dennoch wollte ich das nicht hören, weil ich damit weder Erfahrungen hatte, noch gute Erinnerungen daran, wenn ich irgendjemandem davon erzählt hatte, was ich so erlebe oder wahrnehme.

„Du bist *was*?", kam es aus den Mündern von Karin und Raniana fast gleichzeitig.

„Jetzt weiß ich auch, was mit deinen Augen immer los ist", schoss es aus Keshia.

„Mit meinen Augen?"

„Ja, stimmt, mit ihren Augen!", stimmte Karin mit ein.

„Alter, was wollt ihr mit meinen Augen? Was is´ denn damit?"

„Die verändern sich ständig", erklärte mir Raniana. „Und manchmal werden die total dunkel, das ist immer voll unheimlich. Je nachdem, was du gerade erzählst."

„Ja genau", stimmte Keshia ihrer Freundin zu. „Wenn du mit deinen Kindern spielst, leuchten die fast schon, dann werden die total hell blau."

Ungläubig und auch irgendwie überfordert starrte ich die Ärztin an.

„Kate, du kannst davor eine Weile weglaufen, aber es wird dich irgendwann einholen", schien mich die Ärztin zu ermahnen.

„Das hab ich schon einmal gehört", verabschiedete ich mich von ihr, während wir vier Frauen ziemlich verdattert aus ihrer Praxis gingen.

„Toll, jetzt wissen wir auch nicht weiter", beschwerte sich Karin. „Wir sollten nachts Wachdienst machen, eine schläft, eine passt auf."

„Machen wir", kam es fast aus allen Mama-Mündern gleichzeitig.

Das haben wir dann auch umgesetzt. Karin und ich wechselten uns mit dem Schlafen ab, genau wie Raniana und Keshia. Den Kindern erzählten wir, dass wir es toll fänden, wenn wir eine Übernachtungsparty machen würden. Wir waren froh, dass dieser Schattenkerl nicht erneut im Raum erschien. In der dritten Nacht hatten wir den Vorfall gut in einer Schublade namens „Verdrängung" verstaut, keine Angst mehr und versuchten wieder mit unseren Kindern alleine die Nacht zu überstehen. Das gelang uns ganz gut, der Schatten tauchte nicht wieder auf.

Doch die Erinnerung bleibt.

◈ THE BEST *teachers*

ARE THOSE WHO *show* YOU.

where TO *look,*

BUT DON´T TELL *you*

what TO *see.* 🎓

ALEXANDRA K. TRENFOR

DIE BESTEN LEHRER

SIND DIE, DIE DIR ZEIGEN

WOHIN DU SCHAUEN SOLLST

ABER DIR NICHT SAGEN,

WAS DU SEHEN MUSST.

2011 Viele Jahre lang war ich auf der Suche nach Antworten. Ich traf einige Menschen mit ähnlichen Erfahrungen, ich las viele Bücher, doch ich fand nie die Antworten, die ich suchte, keine Erklärung, die ich verstehen konnte. Irgendwann habe ich die ganze Geistersache abgeblockt und mich auf andere Sachen konzentriert. Alles würde kommen, wenn es Zeit dafür ist.

In den letzten Jahren habe ich mich durch viele Bücher über Psychologie und Spirituelle Heilmethoden gelesen. Ich machte viel Yoga, ich meditierte und immer wieder landete ich beim Thema *Inneres Kind.*

Heile dein inneres Kind, heile dein Verhältnis zu deiner Mutter, heile die Beziehung zu deinem Vater, deinen Geschwistern, deinen Expartnern... wenn man da mal anfängt, kann man gar nicht mehr aufhören, da fällt einem ständig noch jemand neues ein, dem man verzeihen soll. Oder man findet noch ein weiteres Muster, das noch geheilt werden muss. Ich liebe es, neue Dinge zu entdecken und Antworten zu finden, vieles ist für mich ein Abenteuer und wenn man mal merkt, wie effektiv diverse Methoden einen wieder ein Stück weit heilen, dann macht es auch Spaß – selbst wenn es manchmal echt anstrengend ist.

Gut, irgendwann war ich aber auch frustriert – da heile ich hier und kläre da, schließe Frieden mit meinen Arschengeln, doch manche Dinge lassen weiterhin Fragen offen. *Warum geht mein Asthma nicht komplett weg? Wo habe ich einen Denkfehler? Warum läuft mein Leben in einigen Dingen gerade total schief? Wo hab ich denn immer noch etwas nicht gelöst?*

Aufgrund einiger Beziehungswirrwarrs, negativen Erlebnissen mit Vorgesetzten und weiteren Menschen, führte mich das erneut zur Arbeit am inneren Kind. Immer wieder begegneten mir all die Jahre dieselben Themen.

Mit jeder Methode löste sich wieder ein Puzzleteil, doch ich war wohl immer noch voller ungelöster Konflikte aus der Kindheit. Mehr als einmal hatte ich von Robert Betz gelesen und gehört – an diesem Punkt wollte ich allerdings nicht *noch* ein neues Buch lesen, nicht *noch* einen neuen *spirituellen Lehrer* kennen lernen. Ich wollte doch einfach nur glücklich und in Ruhe leben. Die Probleme wurden allerdings auch nicht weniger, wenn ich einfach so weiterlebte und versuchte damit klar zu kommen.

Ständig las ich wieder irgendwo von Robert Betz, bis ich mir dann letztendlich doch das Buch ‚*Willst du normal sein oder glücklich*‘ kaufte. Ein gar nicht allzu spirituelles Buch, eher psychologisch angehaucht, doch wieder einmal wies alles drauf hin: *Dein inneres Kind braucht Heilung.*

„Mann, Mann, Mann. Wie oft denn noch." Es nervte mich, dass dieser Betz ständig seine Meditationen bewarb, die so hilfreich wären. Ich verweigerte mich dem, weil ich einfach die Nase voll hatte.

Wie man sich denken kann, siegte allerdings nicht nur meine Lebensproblematik, die mich dazu zu zwingen schien, weiter an mir zu arbeiten, sondern auch meine überdimensionale Neugier.

„Wenn´s ja doch hilft", ermunterte ich mich selbst und kaufte mir die MeditationsCD: „Befreie und heile das Kind in dir".

Packen wir das Problem jetzt mal an der Wurzel. Hoffte ich zumindest.

Wer mich kennt weiß: ich mach fast allen Scheiss mit und ohne groß Fragen zu stellen. Ich kann mich relativ schnell auf alle möglichen Arten von Meditationen einlassen. Also legte ich mich auf mein Bett und begann - geführt von Robert Betz[1] - die Reise in meine Kindheit. Ich war gespannt...

---

[1] Die Worte der Meditation gebe ich hier nur mit meinen eigenen Worten in Kurzform und sinngemäß wieder.

>>...*sei bereit alles zu fühlen, was das Kind jetzt fühlt... nimm wahr was da ist...*<<

Betz führte mich anfangs zu einer glücklichen Version meines inneren Kindes, ich ahnte schon, dass es danach sicherlich nicht so fröhlich weiterging und hatte ein schweres Gefühl in der Brust.

>>...*zu einer entscheidenden Situation in deiner Kindheit, in der du als Kind Nein gesagt hast, Nein zu diesem Leben...* <<

‚Wie kommt der jetzt drauf anzunehmen, dass jeder, der die CD hört, irgendwann als Kind nicht mehr leben wollte? Ist doch schon seltsam‘, rief mir mein Zweifel zu.

Doch gleichzeitig wanderte mein Geist fast automatisch los, ohne dass ich konkret wusste, wo der denn hin will.

Wenn man so etwas zu stark will und etwas Bestimmtes fokussiert, funktioniert es nicht richtig. Loslassen und einfach mal passieren lassen, ist hier die Devise. War nicht so einfach wie das klingt, immer wieder schob sich mein Verstand dazwischen. Dennoch atmete ich mich immer wieder in die Meditation hinein und konzentrierte mich auf Roberts Stimme. Gedanken und Bilder formten sich langsam zu einer runden Sache. Ich brauchte einen Moment, um zu realisieren, was sich da vor meinem inneren Auge gerade für eine Szene aufbaute.

Da stand ein kleines, etwa zehnjähriges Mädchen tränenüberströmt an ihrem Zimmerfenster und blickte in den Sternenhimmel. Ich erinnerte mich daran, was das Mädchen gedacht hatte: *Ich will nicht mehr leben!*

‚Oh mein Gott! Das hatte ich wirklich gedacht!‘, ich erschrak fast ein bisschen. Nicht nur, dass ich mich daran erinnerte, ich *fühlte* diesen Moment sogar deutlich, als würde er gerade in diesem Augenblick passieren.

Wow – das war überwältigend.

Solche Erlebnisse schockieren mich auf der einen Seite, aber auf der anderen fasziniert es mich. Diese gerade wie frisch durchlebte Szene wirbelte so viele Gedanken in meinem Kopf auf, als wenn man einen Film im Schnelldurchlauf abspielen lässt.

,Damals hatte ich das erste Mal gedacht, dass ich nicht mehr leben wollte? Krass.' Ich hatte jahrelang als Erwachsene immer wieder den Drang, einfach nicht mehr leben zu wollen. So viele Dinge in meinem Alltag überforderten mich, alles schien schief zu gehen, mein ganzes Leben lang. Ich lief immer gegen Wände und stolperte über Massen von Steinen, das nahm mir oftmals den kompletten Lebenswillen. Ich fühlte mich wie eine Fremde auf dieser Welt.

An Selbstmord habe ich dabei nicht einmal gedacht, das war es nicht. Ich hatte einfach an manchen Zeitpunkten keine Kraft mehr, weiter zu leben und wollte einfach nur weg. Mich auflösen, verschwinden. Jeder auch nur klitzekleine Gedanke an meine Kinder ließ mich allerdings am Leben fest halten, das ich eigentlich sehr liebe. Leben macht Spaß, Leben ist Abenteuer – aber eben manchmal tierisch anstrengend und Kräfte raubend.

In diesem Augenblick der Meditation wurde mir deutlich bewusst, als ich mich selbst da am Fenster stehend sah, dass es einen Startpunkt für meinen mangelnden Lebenswillen gab. Bisher hatte ich darüber noch nie nachgedacht. *Woher kam das? Wann hatte das angefangen? Wodurch wurde das ausgelöst?*

Es war nicht einmal das *nicht mehr leben wollen*, sondern das „Ich gehöre hier nicht hin, ich will weg von der Erde, ich will nach Hause." – Diesen Gedanken und wonach ich mich sehnte, hatte ich nicht nur als Kind, sondern gute dreißig Jahre lang.

Da ich darüber mit keinem hatte reden können, weil das total bescheuert klang, steckte das in einer Schublade meines Systems, die ich verschlossen hielt.

Robert Betz redete ungebremst weiter und führte mich durch die restliche Meditation. Diese entscheidende Situation meines Lebens flog so klar und deutlich durch meinen Kopf und zog an meinem inneren Auge vorbei, wie ein Spielfilm.

Ich staunte, als ich mich selbst als Kind sah - und plötzlich drehte sich das kleine Mädchen erschrocken um – *ich* drehte mich um. Das war völlig irrational für meinen Verstand, denn ich sah mich als Kind und ich sah mich als... Nebel. Meine Erinnerung und meine Wahrnehmung kreuzten sich in meinem Kopf und ich konnte es erst kaum zuordnen. Die kleine Niki sah mich fast direkt an und rannte in ihr Bett, während ich sie gleichzeitig dabei beobachtete wie sie sich bis zur Nasenspitze zudeckte. *‚Was passiert hier gerade?‘*, schoss es durch meinen erwachsenen Kopf. *‚Das ist ja total irre...‘*

Ich begriff, an was ich soeben teilnahm, was dieses Kind gerade erlebte - ich selbst war der Nebel, die Gestalt, das Wesen und gleichzeitig das Kind.

>>...und nun gehst du in den Körper dieses kleinen Kindes, dir selbst. Atme dich hinein, spüre...<<

Das war unglaublich - es war als würden zwei Personen gleichzeitig eine unbegreiflich immense Veränderung durchmachen – *ich*, das Kind, das gerade diese Erfahrung machte und seinen Frieden fand und *ich*, die Erwachsene, die gerade verstand, dass ich dreißig Jahre lang gedacht hatte, dass dieser Nebel mein Opa gewesen ist.

Jetzt hatte ich gleichzeitig Antworten und dafür aber neue Fragen. Es ist kaum in Worte zu fassen, was das für Ausmaße durch die Zeit, durch meinen Körper und meinen Verstand nahm.

Die Meditation lief noch weiter und ging noch tiefer. Ich fand den Grund für mein Asthma - nicht nur im Luftanhalten der kleinen zehnjährigen Niki aus Angst. Es lösten sich Geister und Blockaden, die sich durch mein gesamtes Leben gezogen hatten - alle Erinnerungen die mit Angst, Asthma und diesem "Nebel" zu tun hatten, schienen sich ganz klar in meinem System zu zeigen.

Das Sich-ungeliebt-fühlen, das Alleinsein, die Angst vor zu viel Aufmerksamkeit und zu wenig Zuneigung, die Angst vor Bindung... all das gründete so tief, so unbewusst, so lange her - es ist für mich unglaublich, was eine solche Meditation bewirken kann.

Als ich diese Geschichte verschiedenen Freunden erzählte, gab es oftmals eine gemeinsame Erst-Reaktion: "Das würde vielleicht auch Déjà-vus erklären!"

Genau das ist ein springender Punkt: Was war zuerst da - die Henne oder das Ei? Die zehnjährige, die die Angst hatte und den Geist sah, oder der Geist, der ja im Grunde genommen dieselbe Person war, nur aus der Zukunft. Habe ich das selbst "verschuldet" mit meinem Erscheinen? War es so vorgesehen? Fragen - die man gar nicht stellen sollte, denn es gibt (noch) keine Antworten!

Zeit ist nicht linear, sie ist chaotisch, gleichzeitig und ohne Grenzen. Für mich löste sich in diesem Moment die Definition von "Was passiert ist, ist passiert" im Verstand vollkommen auf. Wie auch im Buch ‚Gespräche mit Gott‘, habe ich schon oft gelesen oder gehört, dass es keine Vergangenheit gibt, die un(ver)änderbar ist. Zumindest ist sie es *IN MIR* und somit veränderte ich durch die Meditation – in der ich eine neue Erkenntnis setzte - automatisch und *linear* meine erlebte Vergangenheit bis ins Heute.

Völlig verrückt, oder? Hast Du es verstanden? Ich nicht, aber irgendwie doch.

♥ I MISS THE *days*

WHEN MY *world* WAS AS

big AS MY *imagination.* ☽

UNKNOWN

ICH VERMISSE DIE TAGE

ALS MEINE WELT

SO GROSS WAR

WIE MEINE

VORSTELLUNGSKRAFT.

*Feuer*BALL

Seit 2010 unterrichte ich Jugendliche, junge Erwachsene, ältere und jüngere, weibliche und männliche, kranke und gesunde Schüler im Kundalini Yoga nach Yogi Bhajan. Schon seit meiner Kindheit beschäftige ich mich mit Energien, vielen spirituellen und auch religiösen Themen. Ich war glücklich, als ich diese besondere Art von Yoga gefunden hatte, die für mich fast alles integriert an was ich glaube und die gesamte Ausbildung füllt mich bis heute mit Glück und der Gewissheit, dass es der richtige Weg war und ist. Die Arbeit mit den Schülern im Kundalini Yoga war anfangs etwas völlig Neues für mich. Die Stärke der Energien, die mich plötzlich erreichten, war viel intensiver als wie ich sie bis dahin kannte. Im ersten halben Jahr, in dem ich unterrichtete, konnte ich mit den Kräften, die ich spürte, noch gar nicht so viel anfangen. Anfangs drehte mein Nervensystem nach jedem Unterricht vollkommen durch, da es diese neuen, starken Energien kaum verarbeiten konnte und total überfordert war. Meine Hände zitterten, wenn ich nach Hause kam, mir war übel oder schwindelig. Ich musste mich zu der Zeit ständig fokussieren, vermehrt auf meine Ernährung achten und mich täglich sehr stark auf meine eigene Yogapraxis, vor allem in den frühen Morgenstunden, konzentrieren, damit sich mein System stabilisieren und daran gewöhnen konnte. In der Ausbildung erfuhr ich dann warum das so war – wir dienen als *Kanal* für die kosmischen Energien – für die universellen Kräfte, aber auch für den energetischen Müll unserer Schüler.

Durch die Dynamik des Yoga lösen sich Blockaden im physischen und psychischen System der Yogis und Yoginis, während wir Lehrer da vorne sitzen und als *Müllabfuhr* dienen. Du nimmst es den Schülern ab, saugst es auf, aber musst daran denken, alles auch wieder abzugeben – an Mutter Erde, ans Universum – whatever. Der energetische Müll muss jedenfalls weg.

Die Gabe, anderer Leute Emotionen oder Schwingungen aufzunehmen, habe ich schon immer. Manchmal war es für mich eher wie ein Fluch. Irgendwann, vor bestimmt fünfzehn Jahren, sagte mir eine Frau in einer Meditationsrunde: „Mensch, du bist ja wie ein Schwamm! Du saugst ja alles auf! Du musst lernen, dich zu schützen! So was wie dich nennt man Empath."

Alles was sie mir erzählte, über mich und über *meine Art*, stimmte mit dem überein, wie ich es schon von klein auf erlebte – vor allem in Räumen voller Leuten. In Gegenwart von heftig energetischen Menschen, tiefer Trauer oder großer Wut, oder beim Zusammentreffen mit *Energieräubern,* überfluteten mich völlig ungeschützt all die Gefühle, Emotionen und Gedanken anderer Menschen.

Man fühlt sich ständig wie unter Angriff und erst als sie mir das erzählte, befasste ich mich damit und lernte: Nicht alles, was ich fühle, kommt von mir – sondern das meiste kommt von anderen Menschen. Also lernte ich, mich zu schützen und nicht immer ein riesiger Schwamm zu sein, der *alles* aufsaugt, was gerade im Kosmos um mich herum schwebt. *Aber was macht man dann mit so einer Fähigkeit?*

Bis zu meiner Ausbildung als Kundalini Yoga Teacher wusste ich das tatsächlich nicht wirklich. Und dann kamen die Energien noch viel heftiger, geballter und intensiver.

Erst nach einigen Monaten und viel Übung wurde ich gefestigter. Außerdem war ich nach einer Weile in der Lage zu fühlen, von *wem* diese Wellen oder Informationen kamen. Manchmal spüre ich sogar Schmerzen in einem

Körperteil, ich weiß meistens auch von wem das ausgeht – was mein Gegenüber empfindet, spüre ich auch. Manchmal nehme ich wahr warum das so ist, woher die Schmerzen stammen und bekomme die intuitive Botschaft, was genau dieser Mensch *falsch* macht oder was für Blockaden festsitzen.

Das läuft meistens alles automatisch, das kann ich nicht einfach abrufen. Entweder es kommt, oder es kommt nichts.

Selbst wenn ich schon bestimmt hundert Bücher über Energie- und Seelenarbeit gelesen habe, in denen all das auch erklärt wird, so dachte ich immer: *Ich bilde mir das bestimmt nur ein.*

Ich hatte da einfach kein Selbstvertrauen in meine Fähigkeiten und redete auch kaum darüber. Ungefragt auf jemanden zugehen und mit meinen Vermutungen überfallen? Ist nicht mein Ding. Ich schwieg.

Immer öfter kamen die Schüler und Schülerinnen nach dem Kurs mit ihren Problemen auf mich zu – erzählten mir von ihren Schmerzen, benannten Organe oder Körperteile, die weh taten oder Probleme bereiteten. Manche erwähnten auch ihre aktuellen Lebensproblematiken. Durch diese Infos wurde mir bestätigt: *Genau das hatte ich gespürt.*

Wenn ich mir sicher war, was es sein könnte oder woran es lag (rein energetisch), gab ich Tipps was man tun könnte, gab Meditationen oder Yogaübungen mit auf den Weg, oder auch Ratschläge, die Lebensumstände oder Gewohnheiten betrafen. Viele Menschen lehnen immer noch den Besuch bei einem Psychologen oder Psychotherapeuten ab. Ich selbst finde die Arbeit an unserer Seele begleitend zu jeglicher Krankheit, Schmerzen oder Problemen, absolut hilfreich. Wir schaffen es oft nicht, alles selbst zu heilen. Ich war und bin der festen Überzeugung, dass die meisten unserer Krankheiten aus uns selbst stammen.

Meine SchülerInnen waren schon kürzer oder länger in medizinischer Behandlung, nahmen Medikamente, besuchten Masseure oder Krankengymnastik. Doch nichts schien zu helfen, es linderte nur die Auswirkung, heilte jedoch nicht die Ursache. Ich war auch nicht fortgeschritten genug, um korrekt zugeschnittene Lösungsansätze zu liefern. Ich konnte nur Anregungen geben.

Das positive Feedback der YogiNis einige Zeit später, dass es ihnen erheblich besser ginge oder sie das Problem jetzt angehen konnten, gaben mir Mut durchaus mehr an meine Wahrnehmungen zu glauben.

Die Hintergründe für gesundheitliche Probleme liegen oftmals nicht in der Krankheit oder den Schmerzen selbst, die Ursache ist häufig z.B. in gewissen Verhaltensweisen, verdrängten Emotionen, Traumata oder Blockaden verankert. Man geht einen wichtigen Schritt im Leben nicht - die Hüfte oder Knie machen sich bemerkbar. Vielleicht sagt man nicht das, was man denkt – und so quält man sich mit Halsentzündungen oder Schilddrüsenproblemen. Auch Ängste halten einen zurück, man schafft es nicht so einfach die mal eben so nebenbei zu bearbeiten, das kann eine Zeitlang dauern. Entweder geht man die Ängste selbst an oder macht mutig einen Babyschritt im Leben vorwärts, genau auf das zu was uns so abschreckt, dann lösen sich Ängste manchmal von ganz alleine auf.

Das sind meine eigenen *Erkenntnisse*, da muss nicht jeder zustimmen – darüber gibt es allerdings unglaublich viele Bücher z.B. von Louise L. Hay oder Kurt Tepperwein, um nur zwei Autoren zu nennen.

Ich bin dankbar, dass mir das Universum in der Yogastunde meist nur die Schmerzen und heftigen Energien eines einzigen Schülers schickte – klar, die ganze Gruppe gibt Energie ab - ob nun eine oder fünfzehn

SchülerInnen in meinem Kurs sind. Doch irgendwann wurde mir klar, dass ich mich in jeder Stunde um ein *Sorgenkind* ganz besonders kümmern sollte. Wer das war, entschied das Universum, nicht ich. Immer wieder spannend war, dass meistens dann doch die ganze Gruppe davon profitierte, wenn wir ein Problem besprachen und Lösungsansätze fanden. Oder wir ergründeten gemeinsam die Ursachen für gewisse Problematiken und Blockaden.

Mein Yoga-Kurs bestand anfangs lediglich aus Freundinnen, doch ziemlich rasch sprach sich mein Unterricht herum – ich hatte überhaupt keine Werbung gemacht, er füllte sich wie von Zauberhand. Immer öfter passierten unglaubliche Sachen, die mich zum einen echt verwirrten, aber zum anderen auch begeisterten. Ich spürte nicht nur die Energien der Schüler und Schülerinnen, da war plötzlich viel mehr los, als ich gewohnt war.

Während die YogiNis an einem Abend ihre Übungen machten, hatte ich plötzlich das Gefühl, als wenn in diesen abgedunkelten Raum etwas Helles und Großes getreten war. Gut, *getreten* ist vielleicht das falsche Wort - vielleicht eher: *es ist erschienen* oder vielleicht ist es auch *hereingeschwebt*. Die Luft war wie elektrisiert und es schien, als wenn die Frequenz des ganzen Raumes und aller Insassen angehoben wäre. Das fühlte sich magisch an. Ich hätte allerdings nicht sagen können, was es war und es schien auch von keiner bestimmten Person auszugehen. In solchen Momenten nehme ich einfach nur die Gegenwart eines Wesens, eines Geistes oder was auch immer es ist, wahr. Ich bin aufmerksam, ob es mir etwas mitzuteilen hat oder wie es sich verhält. Dieser Fremdling schien einfach nur *anwesend* zu sein. Ich hatte aufgehört Fragen zu stellen, die Antworten kämen sowieso nur dann, wenn es sein soll.

Über solche *Erscheinungen* sprach ich dann eher selten. Ich hatte damals das Gefühl, dass ich meinen Mitmenschen – so auch meinen Yogaschülern – sowieso schon immer abgedrehte Dinge erzählte, an die ich glaube oder die ich erlebt oder gelesen hatte. Meine Befürchtung war, dass ich alle total verschrecken könnte, wenn ich meine *ganze* Wahrheit sprechen würde. Diese Erfahrung der Ablehnung hatte ich ja schon als Kind zu genüge durchlebt. Da musste ich jetzt nicht von Geistern anfangen, die sich hier im Raum manifestiert hatten. In meinem Kopf war ja auch noch der Zweifel, ob ich mir viele Dinge nicht einfach nur einbilde.

Auch wenn mein Leben dadurch lustiger und interessanter ist, als das von anderen, so bin ich deshalb für einige sicher auch ein Freak. Ich muss da nicht immer noch einen drauf setzen.

Eine Frau kam am Ende des besagten Unterrichts zu mir, sie war zum ersten Mal dabei.

„Kate, ich wusste nicht, dass Yoga so spirituell und energetisch sein kann. Solche Begegnungen habe ich gewöhnlich nur in Sitzungen, die dafür extra gehalten werden – hast du auch den Erzengel Michael gesehen? Das war großartig und so bewegend."

Ich war baff. Zum damaligen Zeitpunkt hatte ich mit Engeln nicht unbedingt viel am Hut, aber sie sprach das aus, was ich gespürt hatte: Etwas Großes und Heiliges war bei uns in der Stunde gewesen.

Ich bin *leider* kein visueller Mensch, ich bin Empathin – ich spüre Dinge und kann sie (mittlerweile auch genauer) benennen, dennoch sehe ich visuell eher wenig bis gar nichts. Mein *Sehen* geschieht in meinem Kopf.

Manchmal nervt das, weil man ja eher dem glaubt, was man sieht, als das, was man nur fühlt oder in seinem Kopf vorgeht. Ich saß vor ein paar Jahren auf dem Sofa, hab meditiert und plötzlich spürte ich, dass etwas im Raum war. Ich öffnete meine Augen, doch sah – natürlich, wie immer – nichts.

„Mann, könnt ihr mal damit aufhören und dafür sorgen, dass ich etwas *sehen* kann? Das würde mir echt helfen, statt es nur fühlen zu können." – diese Frage war ernst gemeint. In mir war schon lange der Wunsch, dass ich nicht nur empathisch sein möchte, sondern das auch sehen will, was sich um mich herum befindet.

Die Antwort kam prompt: *„Kind, sei froh, dass du eben nicht alles sehen kannst, was du wahrnimmst. Du könntest es dann nicht einfach so steuern. Einmal angeknipst und du sähest zu jederzeit ausnahmslos alles was sich zeigen will. Ohne Filter! Also frage dich lieber noch einmal selbst, ob du dir ganz sicher bist, dass du das wirklich willst."*

Ein kurzer Augenblick des Nachdenkens und ich kannte meine Entscheidung: „Oh ne, danke, dann doch lieber nicht!" – ich hatte vielleicht zu viele Horrorfilme gesehen, denn wenn ich mir recht überlege, *was* ich dann sehen könnte, da war meine Angst doch größer als meine überdimensional angeborene Neugier.

Zurück zur Frau, die mir nach der Yogastunde erzählte, dass Erzengel Michael am Yoga-Kurs teilgenommen hatte. Sie besaß wohl die Gabe zu sehen, was ich nur gespürt hatte. „Kate, du solltest deinem Gefühl viel mehr vertrauen, denn du bist ein Medium und hast eine Gabe, die du ausbauen solltest!"

Warum sagt man mir das ständig? Oder eher: *Warum mache ich da nicht endlich was draus?*

Von da an hatte ich mehr Vertrauen in das, was ich meinte wahrzunehmen. Ich hatte auch mehr *Selbst*-Vertrauen darüber zu sprechen und meinen Schülern das mit auf den Weg zu geben, was ich zu sagen hatte. Allerdings noch eher sehr vorsichtig und außerdem nur, wenn ich mir sicher war, dass es raus *musste*. Manchmal ist das wie ein innerer Druck, ich kann mich kaum dagegen wehren und *muss* die Dinge aussprechen.

In solchen Momenten, wenn ich versuche etwas *nicht* zu sagen, es aber unbedingt raus will, ist das so, als wenn sich in meinem Solarplexus[2] ein Energieball aufbläht – mein Herz klopft, mein Nabelpunkt pocht und mir wird heiß. Es gibt Augenblicke, in denen ich krampfhaft versuche, meinen Mund zu halten, doch es fühlt sich dann an, als wenn ich gleich explodiere. Gelegentlich kommt es mir so vor, als wenn da *jemand anderes* die Kontrolle übernimmt und gewisse Dinge ausspricht, wo ich mich frage: *Wo hab ich das denn jetzt gerade hergeholt und warum? Wer hat das denn jetzt gesagt, kam das aus meinem Mund? Aber woher kam das und von wem? Woher hab ich das denn jetzt gewusst?*

Ich habe zu dem, was dann aus meinem Mund kommt allerdings noch nie negatives Feedback erhalten, im Gegenteil: ich spreche oftmals aus, was andere ebenfalls dachten oder spürten. Oder es weckt in manchen das Vertrauen, dass es mehr gibt, als nur unsere *Realität.*

Naja, oder es spricht das aus, was ich mich eigentlich gar nicht traue zu sagen. Ein einschneidendes Erlebnis, bei dem es das erste Mal bewusst und heftig passierte, war das Beenden meiner Ehe.

Um es kurz zu fassen: ich selbst war noch nicht bereit mich wirklich zu trennen. Mein Herz hatte sich Ende 2002 zwar gegen diese nicht mehr zu rettende Ehe entschieden, doch mein Verstand wollte noch daran festhalten – in aller erster Linie der Kinder wegen. Kurz nach Beginn des neuen Jahres gerieten mein damaliger Mann und ich, wie so oft, in einen Streit. Ich saß am Schreibtisch vor meinem PC, als er ins Büro kam und mir Gemeinheiten an den Kopf warf, die ich versuchte abzuwehren.

Plötzlich begann es in mir zu pochen, der Feuerball formte sich. Ich dachte es wäre nur meine Wut, die kochte. Diese Hitze und diese Energie fühlten sich jedoch unkontrollierbar und neu an. Krampfhaft versuchte ich mich zurück zu halten, denn ich hatte Angst davor meinen

---

[2] Sonnengeflecht, der Bereich unter dem Brustbein

Mann noch weiter zu reizen. Ich konnte die Konsequenzen nie einschätzen, wie er reagieren würde.

Dann ging alles so schnell. Ich drehte mich auf meinem Bürostuhl sitzend zu ihm hin. Das innere Feuer war plötzlich wie zentriert. Unglaublich ruhig und cool blickte ich ihm direkt in die Augen. Andererseits war ich wie ferngesteuert und als sich mein Mund öffnete, kam ein Satz raus, den ich gar nicht geplant hatte: „Es reicht - Ich will die Scheidung!"

Nach der darauf folgenden Diskussion, als mein Exmann dann an die frische Luft ging, weil er merkte, wie endgültig mein Entschluss war, drehte ich mich auf meinem Bürostuhl zurück vor den PC und war wie versteinert. Erst jetzt war ich wieder voll *ich*.

Was war das gewesen? Was habe ich getan? Wo ist das hergekommen? Das Herzklopfen in diesem Moment kam nicht mehr vom inneren Feuerball, sondern davon, dass ich gerade meine Scheidung eingeleitet hatte. Ein längst fälliger Entschluss, jedoch absolut ungeplant und ich weiß noch immer nicht, wo ich in diesem Moment den Mut hergenommen hatte.

Auch über zehn Jahre später kann ich noch sagen, dass es die beste und wichtigste Entscheidung meines Lebens war und ich bin dankbar für *wasauchimmer* mir diesen Impuls gegeben hat.

Ich habe oftmals große Ehrfurcht vor meiner eigenen Courage und Energie. Manchmal denke ich, wenn ich diese komplett kontrollieren und kanalisieren kann, schießen Feuerbälle aus meinen Händen.

You MAY HAVE A

MORE GROWN UP *body*

AND MORE *life experience*

BUT YOU ARE *every bit* AS *precious.*

Love yourself AS IF YOU ARE

THE MOST *precious* THING IN THE *world.*

BECAUSE YOU *are.*

LAUREL BELADON-MAFFEI

MÖGLICHERWEISE HAST DU EINEN ERWACHSENEREN
KÖRPER UND MEHR LEBENSERFAHRUNG, ABER GENAUSO
BIST DU WERTVOLL. LIEBE DICH SELBST, ALS OB DU DAS
KOSTBARSTE BIST AUF DER WELT.
WEIL DU ES BIST.

*Wild*FANG

Eine Freundin von mir besuchte schon seit der ersten Stunde meinen Yoga-Kurs, mittlerweile unterrichtete ich schon über ein Jahr. Die verschiedenen Energien zu spüren war bereits zu einer richtigen Gewohnheit für mich geworden. Ich übte mich darin, es immer besser und rascher zuordnen zu können. Erzengel Michael oder einen anderen hochrangigen Besuch hatte ich nicht wieder gespürt.

An einem der Abende bemerkte ich jedoch wieder etwas völlig Neues. Etwas Wildes. Nichts, was mir Angst machte, es war auch nichts animalisches, sondern es fühlte sich kindlich an. Sofort kam mir *ZINI das Wuslon* in den Sinn – Leute meiner Generation (80er Jahre) wissen, was ich meine, wenn ich von diesem gelben Ball im Ferienprogramm des ZDF spreche. Ein leuchtender hyperaktiver Ball, der computeranimiert durchs Bild schoss und dazwischen quasselte, wenn die Moderatoren uns Kids durchs Programm führten. Wer *Zini* nicht kennt, stellt sich einfach einen leuchtenden apfelsinengroßen Flummi vor, den man in einem Raum ganz fest auf den Boden knallt und der dann wie wild von Wand zu Wand und Decke herumhüpft – total unkontrolliert.
Die Energie, die sich an diesem Abend bemerkbar machte, erinnerte mich direkt an *Zini*. Es verwirrte mich total, da ich mich mitten im Unterricht befand und gerade ein Yoga-Set anleitete. Ich ließ mir meine Unruhe nicht anmerken, begann ganz automatisch im Kopf mit der

Energie zu sprechen. Das Wesen - ich wusste ja in dem Moment überhaupt nichts mit anzufangen und konnte nicht einordnen was es genau war - übertönte in meinem Kopf fast alles. Wenn diese Energien, Geister, Wesen oder was auch immer, erscheinen, mit mir kommunizieren, dann *höre* ich die Stimmen nicht so wirklich. Diese Unterhaltungen könnte man sich vorstellen, wie eine Erinnerung, die man an ein Gespräch hat – da *geistern* ja auch noch die Worte und Sätze, vielleicht sogar innere Bilder der Personen und Orte, vor dem geistigen Auge herum. Bei meiner Kommunikation mit diesen Seelen ist es genau das: eine Erinnerung an einen Satz, an Gefühle, an Bilder – die mir plötzlich in den Kopf schießen, als hätte ich es gerade eben erlebt. Ich antworte dann in *Echtzeit* – entweder in meinen Gedanken oder, wenn ich alleine bin, dann spreche ich auch laut mit ihnen. Ich weiß, wie witzig das klingt und wahrscheinlich auch verrückt. Aber das macht mir nichts, ich stehe dazu.

Wenn ich das jemandem erzähle, erkenne ich am Blick direkt, wenn derjenige denkt: „Ohje, die hat einen an der Schüssel!" – aber es gibt auch die, die wirklich gespannt und aufmerksam zuhören, was ich zu sagen habe. Bei denen ich mir nicht total blöd vorkomme. Die Welt ist mittlerweile auch viel offener für die Spiritualität geworden, als noch vor zwanzig Jahren.

Die Seele, an diesem Abend, war stark und kräftig, außerdem viel mitteilungsbedürftiger, als die, die ich bis zum aktuellen Zeitpunkt erlebt hatte. Dazu auch noch die jüngste. Sie trat klar und deutlich auf, dabei auch echt fordernd, damit sie meine Aufmerksamkeit bekam. Ich begriff auch sehr schnell: es handelte sich um einen Jungen.

„Wie oder woher weißt du, dass es ein Junge oder Mädchen ist?", fragt man mich oft.

„Ich weiß es einfach. Wenn du einen Menschen siehst, weißt du ja auch sofort – es ist ein Mann oder eine Frau. Naja, meistens jedenfalls. Und so ist das mit den Seelen – ich spüre es eben intuitiv."

Diese kleine Jungenseele schwirrte nun wie wild in meinem Yogaunterricht durch den Raum und versuchte sich mir mitzuteilen. Zugegeben haben wir erst drei Kurse später geschafft, dieselbe Sprache zu sprechen. In der ersten Stunde, als der kleine Kerl auftauchte, sagte ich zu den SchülerInnen: „Wow, hier ist aber eine wilde Energie unterwegs." – mehr habe ich dazu nicht erzählt und erntete eher unsichere Blicke – außer mir hatte es wohl keiner gespürt. *Mist. Bin ich denn immer nur die Einzige?*
Der kleine wilde Kerl kam also zum dritten Mal und ich hatte mich schon daran gewöhnt, dass er da war. Zudem kam ich besser mit seiner wilden Energie klar und konnte ihn überreden, während der Stunde etwas ruhiger zu sein. Zuhause hatte ich auch schon mal nachgefühlt, ob er da sei – aber er tauchte nicht auf. Seltsamerweise immer nur im Yoga mit den Schülerinnen.
Am Abschluss dieses dritten Kurses, während sich alle für elf Minuten in die Entspannung legten, nahm ich mir Zeit für ihn. Im Raum lagen acht Frauen auf ihren Yogamatten und es kehrte Ruhe ein. Zumindest für die Schüler.
Ich sprach die kleine Seele in Gedanken an.
‚Was willst du? Wenn du so quirlig hin und her springst und wild durcheinander quasselst, verstehe ich dich nicht. Also beruhige dich und versuche mir zu erklären, was los ist, so dass ich es auch verstehe.'
In diesem Moment war ich froh, dass das keiner mitbekommen konnte. Was würden meine Schüler denken, wenn ich plötzlich mit etwas Unsichtbarem quatschen würde? *Weglaufen, ganz sicher.*

Ich spürte, wie die kleine Seele sich hinter mir herabsenkte und ich fühlte Furcht. Nicht meine, es ging von ihm aus. Ich registrierte Aufregung und etwas Wut, aber am Stärksten war die Angst. Er machte mir klar, dass es um meine Freundin Denise ging, die ganz hinten links in der Ecke lag. Und ich verstand, dass es nicht *seine* Angst war, sondern die meiner Freundin. Ich wusste, dass sie schon lange unter Panikattacken litt – sie hatte vieles versucht, um diese zu bearbeiten, aber einige waren sehr hartnäckig. Durch Kundalini Yoga ging es ihr schon viel besser, entspannen konnte sie dagegen immer noch nicht.

Sie hatte Angst loszulassen. Sie befürchtete, dass, wenn sie los lässt und sich entspannt, vielleicht sogar einschläft, sich dann der Boden unter ihrer Yogamatte auftut und sie verschluckt, dass sie fällt und keinen Boden mehr spürt.

Das mag amüsant klingen. Für Betroffene sind solche Ängste dagegen tatsächlich sehr ernst und belastend. Ich hatte jahrelang Panik davor, zum Briefkasten zu gehen – das klingt absurd, aber wenn du in so einer Lage bist, diese Angst nicht verstehst und sie selbst Blödsinn findest, schränkt dich das enorm ein. Du kannst einfach nichts dagegen machen und bist dieser Attacke völlig ausgeliefert. Bis hin zu körperlich schmerzhaften Symptomen.

Ich hatte Mitgefühl mit meiner Freundin und sendete ihr im Yoga immer wieder Ruhe und Vertrauen. Der kleine Kerl hinter mir begann zu erzählen: *„Diese Frau da, die hat viel zu viel Angst. Und so lange sie so sehr in diesen Ängsten hängt, kann ich nicht zu ihr gehen. Aber ich würde so gerne!"* Er klang verzweifelt und ich spürte so etwas wie Angst. Nicht vor meiner Freundin, sondern eher vor ihren Ängsten.

Ich kann vielleicht nicht alles perfekt übersetzen, ab und an kann ich den Seelen nicht ganz folgen, manchmal hingegen klappt es ganz gut. Zumindest spüre ich, was sie wollen und *dass* sie etwas wollen. Wichtig ist dann für mich, auch nur das weiterzugeben, bei dem ich mir wirklich sicher bin.

Die kleine Seele schilderte mir also die Angst meiner Freundin. Er würde so gerne zu ihr gehen, aber er müsste immer noch Abstand halten, solange bis sie noch etwas gelernt hätte und sich den Ängsten stellen würde.

'Was oder wer bist du?'

Im Moment meiner Frage begriff ich bereits, mit was ich kommunizierte. Es erschien so klar in meinem Kopf, dass ich völlig überrascht war.

'Eine Babyseele!' – das war das erste Mal, dass mir dieser Begriff in den Sinn kam. Und es war auch die erste Babyseele, die mir bewusst begegnet ist.

Nach dem Yoga blieb Denise noch etwas länger. Die kleine Seele blieb an meiner Seite – er war jetzt viel ruhiger als vorher, aber dennoch eine sehr starke Energie. Ich traute mich nicht, meiner Freundin jetzt mit *Babyseele* zu kommen, auch wenn ich mit ihr über alles reden konnte. Ich wusste, sie wünschte sich schon seit Langem ein Kind, doch es funktionierte nicht. Die Ärzte waren ratlos und auch die künstliche Befruchtung hatte nicht geklappt. Der kleine Mann drängte mich dazu, meinen Mund aufzumachen und von ihm zu erzählen. Meine Sorge war, dass ich Denise Hoffnung auf ein Baby machen könnte und ich hatte Angst, dass ich mich da auf ganz dünnes Eis begeben würde.

'Was, wenn ich ihr von einer Babyseele erzähle, sie Hoffnung bekommt und es dann doch nicht klappt?' Ich hätte sie dann nicht nur sehr verletzt, sondern vielleicht auch eine Freundin verloren, weil sie mich wahrscheinlich für anmaßend und gestört halten würde. Trotzdem drängte der kleine Kerl mich, ich solle ihm vertrauen, es wäre wichtig für sie. Und wie soll es anders sein: er nutzte meinen inneren Feuerball erfolgreich.

„Denise, ich weiß, das klingt jetzt total komisch, aber ich hab hier eine kleine Babyseele und ich soll dir etwas ausrichten." Denise blickte mich unsicher an, sie schien nicht zu wissen, was sie von meinen Worten halten sollte.

„Du hast *was?*"

„Ich hab´ doch in den letzten beiden Yogastunden schon erzählt, dass neuerdings eine total wilde Energie im Raum ist", ich wedelte nervös mit den Händen herum, als wollte ich die Situation etwas auflockern.

„Ja, ich hab´ die nie gespürt, aber wenn du das sagst, glaub ich dir das. Und was heißt *Babyseele?*"

Der kleine Mann gab mir genau vor, was ich zu sagen hatte: „Weißt du Denise, er sagt, dass du dich deinen Ängsten stellen sollst. Er ist bereit und würde so gerne zu dir kommen, aber er traut sich nicht, weil er Angst vor dir hat oder sagen wir - Angst vor deinen Ängsten."

Denise´ Augen füllten sich mit Tränen.

„Das klingt total verrückt, aber ich glaube dir. Ich weiß überhaupt nicht, was ich noch machen soll", und dann sprudelte es nur so aus ihr heraus: „Die Angst vorm Autofahren, die Angst vorm Einschlafen, die Angst in meinem Job den Mund aufzumachen... dann der ganze Stress mit der künstlichen Befruchtung und ich kann nicht mit dem Rauchen aufhören...", ihre Stimme zitterte und ich nahm sie in den Arm.

„Wie wäre es, wenn du nicht versuchst alles auf einmal zu lösen, sondern wenn du ein Ding nach dem anderen machst?" Meine Intuition zeigte mir den ganzen Stress durch Bilder. Wie ein Angriff auf Denise durch viele schwere Brocken, die an ihrer Aura nagten. Das war überfordernd, ich konnte es fühlen.

„Kuck mal, alles was du da versuchst loszuwerden, macht dir Stress – deine Ängste, dein Job, mit dem Rauchen aufzuhören, Autofahren, Kindermachen... das ist wie ein Hamsterrad, aus dem du gar nicht raus kommst, weil du alles auf einmal lösen willst. Das funktioniert aber so nicht."

„Aber mit was soll ich denn anfangen? Ich weiß gar nicht, wo ich anfangen soll! Und was heißt, er würde so gerne zu mir kommen?"

Ich begab mich auf das dünne Eis, mein Herz klopfte bis zum Hals.

„Denise, ich bin mir sicher, dass du ein Baby bekommen wirst und ich bin mir auch sicher, dass es ein Junge wird. Du bist nicht alleine. Er wird dir helfen, dass du all die Dinge regelst, die wichtig für euch beide sind."

Ich hatte das Gefühl der Blick von meiner Freundin wechselte von geschockt zu verwirrt. Ich sah allerdings auch etwas anderes: das Glänzen der Hoffnung in ihren Augen.

„Oh Gott, das klingt verrückt, aber auch aufregend. Ich weiß ehrlich gesagt nicht, was ich davon halten soll. Ich hoffe, du verzeihst mir das – ich muss darüber nachdenken. Und ich wünsche mir, dass du Recht hast und das nicht einfach so erzählst."

Ich hoffte, dass ich nicht nur Recht hatte, sondern vor allem, dass ich letztendlich nicht einfach nur geistesgestört war. Zum Abschied drückte ich Denise herzlich und die kleine Seele gab mir noch etwas mit auf den Weg, für seine zukünftige Mom: „Denise, pass auf – wir reduzieren jetzt mal deinen Stress. Erstens liebst du ab jetzt jede Zigarette, die du dir anzündest – und zwar tief und innig! Stell dir mal vor, was du da in dich hineinziehst – Negativität, weil du das Ding *hasst*. Du schaffst es gerade nicht damit aufzuhören, mit all dem negativen Denken. Wie wäre es, wenn du ab jetzt denkst *‚Ich liebe dich Zigarette und ich rauche gerne'*."

Denise lachte. „Du bist verrückt, weißt du das? Aber ich hab´ nix zu verlieren, also was soll's. Einen Versuch ist's wert. Du sagst erstens, gibt es ein zweitens?"

„Das zweite erfährst du, wenn du das erste gelernt hast", lachte ich sie an. Ich wusste zu diesem Zeitpunkt auch ehrlich gesagt gar nicht, was es war.

Erst zwei Wochen später verabredeten wir uns wieder. Eine Grippe hatte mich mehrere Tage ausgeknockt und somit war Yoga ausgefallen. Ich bestellte einen Tisch in einem mexikanischen Restaurant.

„Tut mir leid, aber da ist nur noch einer im Raucherbereich frei", teilte mir die Frau am Telefon mit.

„Macht nichts, meine Freundin ist Raucherin und mir macht das nichts aus", antwortete ich. Auch wenn ich wusste, dass mich der widerliche Geruch von abgestorbenem Rauch noch mehrere Tage in Klamotten und Haaren begleiten würde.

Denise und ich trafen uns vor dem Restaurant. Sie sah entspannter aus, als in den Wochen zuvor.

„Du wirst dich freuen Süße, es gab nur noch einen Tisch im Raucherraum", erklärte ich ihr freudestrahlend. Meine Freundin grinste mich an, ich war der Meinung sie freute sich darüber. Wir setzten uns an unseren reservierten Tisch und erst als das Essen kam fiel mir auf, dass gar keine Zigaretten auf dem Tisch lagen und Denise auch bisher nicht geraucht hatte.

„Du kannst übrigens ruhig rauchen, mich stört das nicht. Also nur, falls du wegen mir jetzt Rücksicht genommen hast. Wir sind hier im Raucherraum, da macht dann deine Kippe auch nix mehr."

Denise grinste mich wieder an. „Kate, ich rauche seit zwei Wochen nicht mehr und das mit voller Überzeugung und mir geht es richtig gut – ich vermisse es überhaupt nicht."

Ich war total erstaunt. „Was? Das ist ja toll, wie hast du das geschafft?"

Sie lächelte und sah dankbar aus. „Tja, ich hab da auf meine Yogalehrerin gehört, die mir sagte, ich solle jede Zigarette lieben und so doof ich mir dabei vorkam, ich hab's getan. Nach dem Yogaunterricht war es die letzte Zigarette die ich geraucht habe. Durchgehend bis heute."

Ich war total baff. Das war der Wahnsinn und ich weiß nicht, ob das damals meine Intuition oder eigene Idee war, oder mir das der kleine Kerl eingetrichtert hatte. Den ich im Übrigen an diesem Abend überhaupt nicht spürte.

„Was ist denn die zweite Aufgabe, ich bin schon ganz aufgeregt, weil die erste so toll geklappt hat."
Erst wusste ich gar nicht, wovon sie sprach, doch dann fiel es mir ein und auch die *Aufgabe* war mir nicht mehr unbekannt. *Zack* – war sie da in meinem Kopf.
„Du hast die Wahl zwischen zwei Möglichkeiten - entweder wirst du ab jetzt statt den Schleichwegen zur Arbeit, die Autobahn nehmen, die dich immer so in Panik versetzt, oder du wirst deinem Chef widersprechen, wenn er dir wieder jeden Tag Überstunden abverlangt, die er dir weder bezahlt noch frei gibt. Die Babyseele regt sich über deinen Chef auf, das müsste aufhören und er wird beim Fahren auf der Autobahn bei dir sein." Ich fragte mich, wo das auf einmal her gekommen war und biss mir fast auf die Zunge, weil ich ohne darüber nachzudenken, einfach losgequasselt hatte.
Denise´ Augen wurden größer, ich konnte nicht deuten, wie das gerade auf sie gewirkt hatte. Wir aßen weiter, ohne dass sie darauf einging. Meine Freundin schien nachzudenken.
Ich begann mit einem anderen Thema, weil ich ihr nicht das Gefühl geben wollte, dass sie hier irgendetwas machen *musste* und es war mir unangenehm, dass mich eine meiner besten Freundinnen gerade für eine wahnsinnige und gestörte Frau halten musste.
„Kate, woher weißt du das alles? Ich meine, wie kommst du auf all das? Irgendwie klingt das alles total abgedreht. Ich komm´ immer noch nicht drüber weg, was du über diese *Babyseele* gesagt hast. Ich würde so gerne daran glauben, aber ich hab´ Angst, dass ich mich in etwas verrenne, was du dir vielleicht einfach nur einbildest. Tut

mir leid, dass ich dir das Gefühl gebe, dass ich dir nicht glaube, aber das ist alles so verrückt und gar nicht real."

„Nein, ist schon okay, ich kann dich ja verstehen und weiß wie das alles klingt. Es kostete mich wirklich Überwindung dir das alles zu sagen, aber das Gefühl ist so stark in mir. Diese Informationen brennen regelrecht in meinem Kopf, dass ich sie dir weitergeben soll und glaub mir, für mich ist das alles total neu und ich komm damit auch noch nicht so klar – ich glaube mir selbst, aber irgendwie habe ich Angst, dass ich total irre bin und in eine Klapse gehöre."

Denise lachte. „Du gehörst in keine Klapse. Manchmal wünschte ich, ich wäre ein bisschen mehr wie du. Nicht so spießig und würde mehr hinter die Realität kucken. Aber jetzt gerade weiß ich nicht, ob ich noch einmal was von der Babyseele hören möchte." Sie tätschelte meine Hand, um mir zu zeigen, dass sie mich wertschätzte, mich auch nicht verletzen wollte, das Thema allerdings erst einmal verdauen musste. Ich verstand das sehr gut.

Es vergingen ein paar Wochen, bis ich wieder von ihr hörte. Ich war traurig darüber, dass ich mich so weit aus dem Fenster gelehnt hatte. *War das am Ende vielleicht doch alles nur Einbildung? Habe ich jetzt eine Freundin verloren? Hätte ich meinen Mund halten sollen?*

Die Fragen quälten mich und von der Babyseele hörte ich auch nichts mehr.

„Kate, können wir uns sehen? Ich muss dringend mit dir reden!" Der erste Anruf von Denise nach einer gefühlten Ewigkeit klang sehr aufgeregt.

„Na klar, gerne, ich freu mich total von dir zu hören!"

Wir trafen uns in einem Café. Denise strahlte, als sie auf mich zu kam und mich herzlich umarmte. Sie wirkte sehr glücklich.

„Süße, setz dich, ich muss mit dir reden!"

Nun klang sie total streng und ich war verwirrt.

„Oh… okay… das hört sich ernst an!"

„Ja, das ist es auch!" Sie blickte mir eindringlich in die Augen und verunsicherte mich damit, dass sie sich so seltsam verhielt.

„Auch wenn ich damals nichts mehr von dem Thema hören wollte, so ging es mir natürlich nicht aus dem Kopf. Vielleicht war es meine Hoffnung, die mich angetrieben hat... das ist wie ein Feuer, was in mir brennt, seit du mir von dieser *Babyseele* erzählt hast. Ich hab´ einfach angefangen, mit dieser *Babyseele* zu sprechen – das hat mir total gut getan. Auch wenn ich nicht wie du, irgendwas gespürt oder gehört hab. Manchmal musste ich über mich selbst lachen, weil ich so etwas tue – *mit der Luft reden...*" Wir lachten beide, ich wusste, was sie meinte.

„Doch es hat mir gut getan, obwohl ich nicht verstehe warum überhaupt. Seit Dutzenden von Jahren renne ich mit meinen Ängsten rum, seltsamerweise hatte ich plötzlich den Mut, die eine oder andere endlich mal anzugehen. Du wirst staunen – ich bin ein paar Tage nach unserem Essen auf die Autobahn gefahren. Bin fast tausend Tode gestorben vor Angst und in den ersten Minuten nur Schrittgeschwindigkeit gefahren. Manche Autofahrer waren voll genervt und haben gehupt."

Ich musste laut lachen, weil ich mir das bildhaft vorstellen konnte.

„Aber das war mir egal. Ich habe Blut und Wasser geschwitzt, ich habe das von da an jeden Tag gemacht – und jetzt halt dich fest: Ich fahre mittlerweile 100 und überhole sogar Autos!" Ich staunte nicht schlecht.

„Wow, wie cool – das glaub ich ja kaum!" Denise war seit Jahren nur auf die Autobahn gefahren, wenn es keine andere Möglichkeit gegeben hatte. Ich glaube sie kennt bis heute jeden Feldweg und alle Seitenstraßen rund um Koblenz, um die Autobahn oder große Hauptstraßen zu vermeiden. Und wenn, ist sie sehr langsam gefahren und brauchte ewig, um von A nach B zu kommen. Oft war sie danach klatschnass geschwitzt.

„Das nächste ist, dass ich fast an einem Herzinfarkt gestorben bin, während ich meinem Chef Widerworte gegeben habe: ,Nein, ich kann ab jetzt nur noch in Ausnahmefällen Überstunden machen, das ist mir einfach zu viel.' Weißt du wie der reagiert hat?" Sie machte eine Pause, um die Spannung zu erhöhen.

„Er hat geantwortet: ,Ja, okay, sehe ich ein.' Drehte sich rum und ging. Er ist auch nicht sauer auf mich oder so, er geht ganz normal mit mir um. Und wenn jetzt 17 Uhr ist, gehe ich hin, frage ihn, ob noch etwas Wichtiges zu tun wäre, was nicht bis zum nächsten Tag warten kann, weil ich Feierabend habe. Und jeden Tag sagt er: ,Nein, ist okay, kann auch bis morgen warten.' Hab ich mich jahrelang umsonst zum Idioten gemacht?"

„Wow, Denise ich bin platt – das klingt alles total super!" Die Augen meiner Freundin wurden jedoch blitzartig traurig.

„Weißt du, Kate, auch wenn das mit der Babyseele nur ein Hirngespinst von dir war – verzeih mir, ich mein das nicht wirklich so…"

„Schon okay!", ich schüttelte verständnisvoll den Kopf.

„…also selbst wenn das ein Hirngespinst oder Einbildung von dir war, so bin ich dir dankbar dafür! Kuck mal, was sich seit dem alles verändert hat – ich kann es ja selbst kaum glauben. Zwar bin ich immer noch nicht schwanger und wir überlegen nun, ob Adoption in Frage käme… Es gingen ja schon alle drei Versuche der künstlichen Befruchtung schief, danach zahlt man alles selbst und das können wir uns jetzt nicht mehr leisten…" Denise sah enttäuscht aus und stockte kurz nach jedem Satz, sie versuchte dennoch zu lächeln. „…also ich sehe es positiv. Du hast mir damit echt so sehr geholfen, mit diesem Babyseelengerede."

Ich spürte die Babyseele nicht mehr und konnte meiner Freundin auch nichts dazu sagen. Weder positiv, noch negativ. Vielleicht war es wirklich nur ein Hirngespinst, was nur dazu existiert hatte, um sie von ihren Ängsten und vom Rauchen zu befreien. Voller Mitgefühl lächelte ich sie aufmunternd an. *‚Ich wünsche mir so sehr, dass es diese Babyseele wirklich gibt.'* – diesen Gedanken behielt ich für mich.

Meine Yoga-Kurse gingen munter weiter. Ich spürte zwar Energien, arbeitete weiter mit Blockaden und mit dem, wie ich manchen SchülerInnen helfen konnte, aber weder war noch einmal eine Babyseele dabei, noch kam Denise nach unserem letzten Gespräch wieder in den Yoga-Kurs. Natürlich war ich traurig darüber, konnte es aber nachvollziehen. Bis ich nach einer Weile diese WhatsApp von ihr erhielt und erleichtert war.

> Melde mich hiermit zum nächsten Yoga-Kurs an. Brauch das unbedingt wieder. Kam zu nichts in der letzten Zeit.

Immerhin hatte Denise mich nicht völlig abgeschrieben. Mit fester Überzeugung schwor ich mir selbst, dass ich – egal was oder wer sich bei mir melden würde – nichts mehr sagen dürfte. Ich traute mir einfach selbst nicht mehr. *Babyseele…tz… was hab ich mir nur dabei gedacht…*

„Schön, dass ihr da seid, herzlich willkommen zum heutigen Yoga Kurs", ich eröffnete die Stunde, als sich Denise vorsichtig zur Tür herein schlich. Sie hatte mir kurz vorher schon geschrieben, dass sie es nicht pünktlich schaffen würde. Meine Freundin winkte mir kurz zu und legte sich mit ihrer Matte ziemlich ans Ende des Raumes. Der Kurs war voll, alle zehn Plätze waren nun belegt. Wir stimmten uns ein, ich war entspannt und in meinem Element.

Bis dieser kleine Wirbelwind völlig unerwartet wieder um die Ecke schoss. Es haute mich fast um, so sehr erwischte mich diese starke Energie. Ich schüttelte meinen Kopf, um den Krach der Gedanken und plötzlich erscheinenden Erinnerungen an Bilder und Gespräche abzuschütteln. *Zini* knallte von Wand zur Decke und zurück, schoss durch die Luft und ich konnte mich kaum noch konzentrieren. Das war mir zu viel, ich wollte es mir weder anmerken lassen, noch in diesem Moment drauf eingehen. Streng, als wäre er einer meiner Kinder, ermahnte ich ihn in meinem Kopf.

'Was soll das, hör sofort auf, ich kann dich jetzt nicht gebrauchen, halt still, bis die Schüler alle schlafen, dann habe ich Zeit für dich.' Selbst wenn ich mir das alles nur einbilde, irgendwie musste ich diese *eingebildete* Energie oder Seele ja zur Ruhe bewegen.

Das fühlte sich wirklich an, wie ein ungeduldiges kleines Kind, welches total aufgeregt ist und mir unbedingt alles sofort erzählen muss, was es auf dem Herzen hatte. Aber das wollte ich jetzt nicht. Ich wollte nicht mehr, dass diese Dynamik in meinen Yogaunterricht einfloss oder das, was ich sage, von *irgendetwas* beeinflusst wird – denn ich hatte vielleicht eine Freundin mit dem Gerede von *Babyseelen* unglücklich gemacht oder fast verloren, das sollte nicht noch einmal passieren.

Die Yogastunde lief relativ normal weiter, auch wenn das Seelchen wirklich anstrengend und störend war. Ständig schoss er zwischen den Teilnehmern herum, war mal hier und mal dort. Mich davon nicht ablenken zu lassen, gestaltete sich nicht so leicht. Wie versprochen widmete ich mich der Seele, als alle Schülerinnen in der Entspannung lagen.

'So, was haben wir denn für ein Problem?' fragte ich ihn in Gedanken.

'Wir haben kein Problem mehr, wir haben alles richtig gemacht und jetzt bin ich glücklich.' Intuitiv spürte ich, was der kleine Kerl damit meinte. Ich hätte mir selbst und ihm so gerne geglaubt, doch ich war derart verunsichert, dass ich vorsichtig sein würde, *irgendwem* noch mal *irgendetwas* von Babyseele zu erzählen.

Zwei Wochen danach rief mich eine heulende Denise an. Sie weinte vor Glück. Denn allen künstlichen Befruchtungen, allen Diagnosen der Ärzte, dass ihr Mann und vielleicht sogar auch sie unfruchtbar wären, zum Trotz, war sie – auf ganz normalem Weg, durch ganz normalen Sex – schwanger geworden. Nach drei Jahren vergeblichen Versuchen. Unglaublich.

Ich war absolut baff und überwältigt. Hatte ich mir das alles doch nicht eingebildet? Und selbst wenn – das war die tollste Nachricht, die ich mir vorstellen konnte!

Die angehende Mama kam die nächsten Monate noch weiterhin in den Yoga-Kurs, so lange es ihr dicker Babybauch und die Beweglichkeit eben mitmachten. Der kleine Kerl, die Babyseele, war auch weiterhin ein wilder energetischer Begleiter von meiner Freundin und brachte mich mit seiner starken Energie manchmal fast aus dem Konzept. Denise genoss es, wenn ich von *ihm* sprach und was er anstellte. Auch die anderen YogiNis hatten sich schnell daran gewöhnt, dass er präsent war, wenn Denise es war und ich von ihm erzählte. Ich hatte von allen große Skepsis erwartet, doch meine SchülerInnen nahmen es absolut positiv und offen auf.

Es wurde ein Junge. Nennt man so etwas Schadenfreude, wenn man es *gewusst* hat?

Der kleine Kerl ist mittlerweile sechs Jahre alt und war die erste Babyseele, die mit mir Kontakt aufgenommen hatte. Die erste von vielen die danach in vermehrter Form folgten. Man nannte mich *„Die Babymacherin"*, weil Frauen in meinen Kurs kamen, die schwanger werden wollten und bei denen es schon längere Zeit nicht klappte.

Manche erzählten mir ihre Geschichte, manche nicht. Manche Babyseelen hatten ihren Müttern etwas mitzuteilen, andere wiederum nicht. Ich schreibe diesen Erfolg nicht mir zu, sondern sowohl Kundalini Yoga als auch den Seelchen selbst. Ich diente nur als Kanal. Es waren auch nie zwei Babyseelen gleichzeitig anwesend.

Durch diesen regelrechten *Babyseelenboom* habe ich sieben Frauen in einem Jahr als Schülerinnen ‚*verloren‘*. Eben weil sie irgendwann zu *kugelschwangerrund* waren, um Yoga mitzumachen. Die meisten von ihnen meldeten sich nach zwei Jahren, dass sie gerne wieder teilnehmen würden, doch sie waren zum zweiten Mal schwanger. So wundervoll.

Nicht eine von diesen kleinen Seelchen war so auffällig stark und wild, wie der Kleine von Denise. Das war damals eine besondere Seele für mich und er musste wohl so drängend sein, damit ich überhaupt mit dem Thema *vertraut* werde und lerne, an meine Fähigkeiten zu glauben.

FÜR Niklas <3

✱ THE FIRST *happiness*

OF A *child* IS TO *know*

THAT HE IS *loved.* ♥

DON BOSCO

DAS ERSTE GLÜCK

EINES KINDES

IST ZU WISSEN

DASS ES GELIEBT WIRD.

SEELENzwillinge

Manchmal kommen Seelen nicht allein.

Meine langjährigen Freunde Martina und Daniel waren in eine neue Wohnung gezogen und gaben eine Einweihungsparty. Martina führte mich gutgelaunt in der hellen und geräumigen Wohnung herum.

„...und *das* wird dann später irgendwann mal das Kinderzimmer", sagte sie so nebenbei wie möglich – das kannte ich ja von frisch verheirateten Paaren, dass man ein Kinderzimmer einplant. Irgendetwas jedoch fühlte sich seltsam an in diesem Raum. Ich registrierte, dass in jenem Zimmer nicht nur wir beide, sondern auch andere Energien unterwegs waren.

Meine Kinder oder Freunde holen mich ab und an in ihre Wohnungen, um dort die Energien zu erfühlen und gegebenenfalls die Räume zu reinigen, wenn ich negative Kräfte wahrnehme. Das was ich jetzt spürte war jedoch durchweg positiv, ich erwähnte es allerdings nicht. Martina und ich tranken gerne diversen Alkohol zusammen, wenn wir uns trafen. Als sie jedoch die Runde Schnaps ablehnte, die ein Freund von uns auf einem Tablett herumreichte, zählte ich eins und eins zusammen.

„Aha, *später irgendwann mal* ein Kinderzimmer?!", feixte ich wissend. Meine Freunde grinsten. Jetzt war mir klar, warum ich zuvor schon Energien gespürt hatte – dennoch war etwas anders als sonst.

Das erste Mal hätte ich nämlich nicht sagen können, ob ich einen Jungen oder ein Mädchen spüre. Irgendwie kam es mir sogar vor, als wären da dieses Mal *zwei* Babyseelen unterwegs.

„Und? Wisst ihr schon was es wird?", fragte einer unserer Freunde.

„Ein Mädchen", antwortete Daniel ganz stolz. Ich konnte meine Klappe nicht halten.

„Seid ihr sicher, dass es nur eins ist?", fragte ich skeptisch. Beide blickten mich neugierig an. Sie gehörten zwar zu meinen besten Freunden, aber über Seelen oder sonstige Energien hatte ich mit ihnen noch nie gesprochen – das waren jetzt nicht so Menschen, die unbedingt einen Hang zur Spiritualität haben.

„Wir haben tatsächlich Zwillinge in der Familie – warum, schieß los, warum fragst Du?"

Wie immer verpackte ich es etwas scherzhaft.

„Och, ich würde euch halt Zwillinge zutrauen und ich habe im Urin, das würden ein Junge und ein Mädchen werden." Meine Freundin lachte.

„Willst du mir etwa sagen, dass ich so fett geworden bin, dass es so aussieht als würde ich Zwillinge mit mir rum tragen?" Sie boxte mich in die Seite.

„Neiiin, ich hab´ da nur so ein Gefühl."

Daniel kannte mich wohl besser, denn er bohrte weiter nach. „Kate, wir kennen dich, du sagst das doch nicht ohne Grund!" Ich verdrehte meine Augen.

„Okay, haltet mich für durchgeknallt, aber ich spüre halt einen Jungen und ein Mädchen, das hatte ich noch nie."

Ich blickte mich kurz in der Reihe der Gäste um. „Ach, oder eine der anderen Frauen ist auch schwanger, das könnte ´ne Erklärung sein." *Hatte ich auch noch nie – zwei Seelen, die miteinander spielen,* dachte ich amüsiert.

Wir machten uns einen Spaß draus, den ganzen Abend zu raten, wer denn schwanger sei oder vielleicht in naher Zukunft werden könnte.

Martina und Daniel bekamen acht Monate später ein Mädchen. Keine Zwillinge. In ihrem Freundeskreis der

Gäste war auch keine andere Frau Mutter geworden oder schwanger. Das gab mir zu denken.

Mittlerweile war ich ja etwas überzeugter von meiner *Fähigkeit*. Das aber jetzt verunsicherte mich etwas. Ich wollte da ungern wieder drauf eingehen, aber es ließ mir keine Ruhe. Diese Energie war dagewesen. Ich war mir absolut sicher. *Was hatte das nur zu bedeuten? Sind manchmal auch welche da, die dann wieder gehen?*

Nach einer Weile kam ich zu dem Entschluss: *Da muss ich mich wohl eben doch geirrt haben. Kann ja mal vorkommen.*

Ein paar Monate nach der Geburt der Kleinen gaben Martina und Daniel erneut eine Party. Als meine Freundin dieses Mal den Alkohol ablehnte, war ich mir sicher, die Lösung zu wissen: „Ach, du stillst sicher noch?!"

Das Paar blickte sich an und lächelte. „Nein, das nicht…", antwortete Daniel und wurde von Martina unterbrochen. „Wir waren wohl etwas unvorsichtig, es ist schon wieder ein kleiner Erdenbürger unterwegs."

Ich gratulierte den beiden herzlich, innerlich empfand ich in diesem Moment eine Gewissheit, die mir keiner mehr nehmen konnte. *Da ist er ja, der Grund für die zweite Babyseele.* Ich wunderte mich kein bisschen, dass es dieses Mal ein Junge wurde.

Erst vor wenigen Wochen war ich zu Besuch bei der kleinen Familie. Die Kinder sind nun vier und fünf Jahre alt. Die beiden haben eine unglaublich starke Seelenverbindung. Deswegen mussten sie schätzungsweise auch, wenn schon nicht als Zwillinge gleichzeitig, direkt hintereinander geboren werden.

Obwohl wir uns durch die Entfernung leider sehr selten sehen und die Kinder eigentlich kaum einen Bezug zu mir haben, war ich überrascht, als ich nach über zwei Jahren jetzt die Treppe hochkam, und mir die beiden freudestrahlend entgegen liefen und mich herzlich umarmten. Da ging mir das Herz auf. Als wüssten sie genau wer ich bin.

Ich weiß aktuell noch nicht, was das für Kinder sind, die da gerade überall auf die Welt kommen – es gab ja schon beispielsweise Kristallkinder und Indigokinder. Doreen Virtue schrieb einige interessante Bücher darüber. In ihrem Buch *Engel der Erde* berichtet sie von inkarnierten Wesenheiten, die beschlossen haben als Mensch auf die Erde zu kommen, um die Welt zu heilen und auf eine neue Ebene zu bringen. Durch ihre Bücher konnte ich meine Kinder, mich und andere Menschen viel besser verstehen und lernen, warum wir anders sind und manch andere nicht.

Mir scheint, als wenn diese Seelen ganz besondere *Babyseelen* sind, die mit einem riesengroßen Wissen und ebenso großem Herzen auf unsere Welt kommen.

Eine Art „Kinder des Lichts" vielleicht.

FÜR *Hanna & Jakob* <3

✺ A *child* CAN ALWAYS

TEACH AN *adult* THREE *things*:

TO BE *happy* FOR NO *reason*,

TO BE *always busy* WITH *something*

AND *know* HOW TO *demand*

WITH *all* HIS *might*

that WHICH HE *desires*. 🎓

PAULO COELHO

EIN KIND KANN EINEM ERWACHSENEN

STETS DREI DINGE BEIBRINGEN:

GRUNDLOS GLÜCKLICH SEIN ZU KÖNNEN,

IMMER MIT IRGENDWAS BESCHÄFTIGT ZU SEIN

UND WIE MAN MIT ALLER MACHT ETWAS EINFORDERT

WAS MAN UNBEDINGT HABEN WILL.

*Stille*FREQUENZ

Nicht zu jeder Zeit schwinge ich auf der Frequenz, dass ich immer wüsste, wenn in meiner Nähe eine Schwangere ist oder eine, die es werden will. Meiner Erfahrung nach sind es meistens nur die Seelchen, die mir etwas mitzuteilen haben oder die etwas durch mich ausrichten lassen wollen – vielleicht auch eben *nur* diese bestimmten „*Kinder des Lichts*". Der Rest ist halt einfach *nur da*. Damit meine ich nicht, dass die einen besonders sind und die anderen nicht – alle Kinder, alle Menschen sind besonders – es gibt allerdings Menschen, die sind *anders besonders als andere.*

Manchmal überschatten auch andere Seelen, Wesen oder Geister die Schwingungen, die ich empfangen könnte. In dem Bürokomplex, in dem ich zu dieser Zeit arbeitete, nahm ich eine Energie wahr, die ich eher als *unruhigen Geist* beschreiben würde. Diese negativschwingende Materie wurde nicht nur von mir gespürt oder gesehen, sondern auch von anderen. Doch wir redeten nicht oft darüber, schon gar nicht offen. Viele beschrieben es als „*hier ist etwas Seltsames*" oder „*irgendwas hier macht mir Angst*". Ab und an nahmen Kolleginnen und ich etwas wie einen dunklen Schatten wahr, an manchen Tagen roch es in unseren Räumen extrem nach Verwesung. Das Gebäude erinnerte mich eher an eine Leichenhalle oder ein Beerdigungsinstitut und ich fragte mich, was da wohl früher mal passiert sein mag, oder auf dem Grundstück, auf dem das Gebäude errichtet worden war – aber vielleicht will ich das auch gar nicht wissen. Fakt ist, dass einige von uns dort etwas spürten, was uns nicht unbedingt wohl gesonnen schien, es sogar die Stimmung aller oftmals negativ beeinflusste.

„Kate, ich bin schwanger!", mit diesem Satz überraschte mich meine Arbeitskollegin Jen. Ich hatte rein gar nichts gespürt, irgendwie war ich etwas enttäuscht darüber.

Diese Nachricht war genauso schön, wie sie auch ziemlich scheiße für mich war. Jen war nicht nur meine Kollegin, sondern auch meine Freundin und wenn sie ein Kind bekäme hieße das, zwei Jahre oder länger ohne sie arbeiten zu müssen. Das klingt sehr egoistisch – allerdings überwog natürlich meine Freude für Jen und ihren Mann.

Der Babybauch wuchs und ich wunderte mich, warum ich rein gar nichts spürte, obwohl wir täglich sechs Stunden in einem Büro zusammen verbrachten. Auch Jen war etwas unsicher.

„Kate, sag mal... spürst du eigentlich bei mir auch etwas? Ich mein, du erzählst ja immer von den Babyseelen, aber bei mir hast du noch nie etwas gesagt." Prompt hatte ich einen Kloß im Hals. Natürlich war mir das ebenfalls bereits aufgefallen, ich hatte mich sogar schon gefragt, ob mit dem Baby etwas nicht in Ordnung wäre. Ich überlegte, wie ich Jen beruhigen könnte.

„Naja, ich spüre doch nicht immer hundertprozentig etwas – sonst könnte ich ja nie mehr in Ruhe durch die Stadt laufen, bei den ganzen Babyseelen im Orbit." Ich versuchte sie aufzulockern, was mir nur bedingt gelang. Immerhin trage ich mein Herz im Gesicht und auf der Zunge, das wusste auch Jen.

„Trotzdem, irgendwie gibt mir das zu denken... weißt du, es ist auch total komisch. Die Kleine in meinem Bauch ist dauernd total lebhaft, aber immer, wenn ich aus dem Auto hier vor der Tür steige, wird sie still und bewegt sich den ganzen Arbeitstag nicht mehr. Erst, wenn ich wieder ins Auto steige, wird sie wieder wach."

Da fiel bei mir der Groschen.

„Das ist nun auch die Erklärung, warum ich sie nicht spüre. Klingt vielleicht blöd, aber ich kann mir vorstellen, dass die kleine Maus lieber draußen bleibt, als in dieses dunkle Gebäude zu kommen." Jen sah mich mit großen Augen an.

„Stimmt, wenn ich die Wahl hätte, würde ich hier auch nicht rein gehen", Jen lachte, aber wir beide wussten, dass wir darüber noch nachdenken würden.

Als die Schwangerschaft fortschritt, änderte sich die Lage auch nicht. Die Kleine im Mamabauch war ein lebhaftes Baby, doch weiterhin zog sie sich zurück, sobald Jen den Bürokomplex betrat. Das war schon richtig auffällig.

„Meinst du, das Kind fände es besser, dass ich gar nicht mehr an die Arbeit gehe?", fragte sie mich.

„Da brauche ich nicht dein Baby fragen, das weißt du auch so." – Jen war genau wie mir sonnenklar, dass dies, selbst ohne das seltsame Gebäude, ein sehr stressiger Arbeitsplatz war und ich Jen oft ermahnen musste, sich zwischendurch auszuruhen und die Beine hoch zu legen.

Es dauerte nach dieser Unterhaltung nicht lange und ihr ging es schlechter. Immer wieder betonte sie, dass es ihr außerhalb der Arbeit viel besser ginge. Der Arzt verschrieb ihr kurz darauf ein Beschäftigungsverbot, was in meinen Augen das Beste war – sowohl für Mama als auch das Kind.

Jen erholte sich innerhalb kürzester Zeit und es gab keinen Tag, keine aufeinander folgenden Stunden, in denen sich die Kleine so still verhielt, wie zuvor täglich am Arbeitsplatz.

Diese Geschichte zeigte mir, dass die Babyseelen nicht zwingend Kontakt mit mir benötigen, sondern dass sie sich auch alleine zu helfen wissen. In diesem Fall mit dem Nichtbetreten eines Gebäudes – warum auch immer. So eine Erfahrung sollte uns sensibler für die Zeichen unseres Körpers machen und in Zeiten der

Schwangerschaft sollten wir achtsamer hinsichtlich der deutlichen Signale des Babys und unserer eigenen Wahrnehmung und Intuition werden.

Die zweite Schwangere in unserem Bürogebäude hatte einige Zeit später ähnliche Symptome. Ich hatte sie nie darauf angesprochen, weil ich nicht das Gefühl hatte, dass sie für spirituellen Kram offen wäre. Aber auch da spürte ich innerhalb des Gebäudes keine Energie einer Babyseele. Und sie berichtete, dass sie das Gefühl hätte, der Kleine würde an der Arbeit immer nur schlafen, sobald sie das Gebäude verließe, würde er aufwachen.

Beide Kinder kamen gesund und munter auf die Welt. Trotz „Stille im Büro".

Wirklich deutlich wurde die Antipathie der Kinder gegen das Gebäude oder die innenwohnende Energie *nach* der Geburt. Denn, als die Babys mit ihren Müttern, unabhängig voneinander, für einen Besuch das Haus betraten, schrien die Minimäuse so vehement, bis die Mamas sie wieder hinausbrachten. Mag alles Zufall sein, auffällig war es dennoch. Die Mütter versuchten es mehrfach, doch das Ergebnis blieb gleich.

Die kleine Büroseele von Jen ist ein zauberhaftes Kind und unheimlich zart. Ich bin froh, dass sie einen großen Bruder hat, der mit seiner besonderen Gabe auf sie aufpassen wird. Ich habe ihn als Babyseele nicht erlebt, aber als Kind kennen gelernt und spüre seine unbändige Kraft die Welt zu verändern.

Also - ob ich mit einem Baby kommuniziere oder nicht, ist überhaupt nicht wichtig – hört auf euren Körper, auf euer Gefühl und euer Herz – das kleine Seelchen macht sich schon bemerkbar, was es braucht oder was es nicht mag. Einfach ein bisschen mehr zuhören.

FÜR *Marie & Leon* <3

✲ INNER *child* HEALING

IS *creating* A SAFE *space*

FOR YOUR *inner* CHILD

TO BE *free* ♥

BATYA GRETHA

DIE HEILUNG DES INNEREN KINDES

SCHAFFT DEINEM INNEREN KIND

EINEN SICHEREN RAUM

UM FREI ZU SEIN

ZARTheit

Wieder störte mich eine kleine Seele beim Yogaunterrichten. Sie war sehr sanft und zart, kaum wahrnehmbar und dennoch präsent. Ich blickte in die Runde meiner Schülerinnen, die sich gerade nach einem anstrengenden Set etwas streckten.

„Ist irgendjemand schwanger von euch?", lachte ich in die kleine Menge. Meine YogiNis kannten das mittlerweile schon, wenn ich von Energien, Seelen und anderen spirituellen Dingen sprach. Fast alle lachten und schüttelten mit dem Kopf, eine davon nicht sehr überzeugend. Ich wusste, dass es mir ihr zu tun hatte, doch ich spürte, dass sie darauf jetzt nicht antworten wollte.

„Gut, dann muss die Babyseele wohl wieder gehen"; sprach ich teils zur Seele, teils zu Ela – die gerade versuchte nicht aufzufallen. Sie war schüchtern, so dass ich sie jetzt nicht direkt vor allen anderen darauf ansprechen wollte. Mit dem Ende der Stunde schlich sie sich auch direkt nach einem sehr knappen Abschied hinaus. Die Seele verschwand ebenfalls.

Bis zur nächsten Yogastunde. Ich spürte sie erneut und auch Ela war Teilnehmerin. So sehr ich auch versuchte, mit der Seele zu kommunizieren, sie zog sich zurück. Sie schien zu warten, war anscheinend genauso verschlossen, wie ihre zukünftige Mama. Als die Stunde beendet war und alle ihre Sachen packten, bemerkte ich, dass Ela zögerte. Sie wartete, bis sie nur noch als Einzige da war.

„Kate, kann ich mit dir reden?"

„Selbstverständlich, hast du was auf dem Herzen?"

„Du hast gefragt, ob jemand schwanger ist – ich hatte das Gefühl du sprichst mich dabei persönlich an."

„Naja, irgendwie schon. Bin ich dir damit zu nahe getreten? Dann tut es mir leid."

„Nein, das ist es nicht…", Ela zögerte wieder. „Was meintest du damit, dass die Babyseele dann gehen muss? Ist sie weg?"

„Das ist sie nicht. Sie ist da, wenn auch nur sehr schwach. Sie scheint zu warten."

„Ist es eine Sie?"

„Das weiß ich dieses Mal nicht, sie ist so zart, es fühlt sich weiblich an. Sicher bin ich mir allerdings nicht."

Ela schien sehr nachdenklich, bis sich ihr Gesichtsausdruck veränderte und ich spürte, dass nun ihr Verstand das Gespräch übernahm.

„Das passt ja schon irgendwie, mein Freund redet von nichts anderem mehr. Er will so gerne ein Kind. Aber ich bin noch nicht bereit dazu. Meine Karriere ist gerade erst gestartet, es läuft so gut und das will ich aktuell nicht aufgeben. Außerdem will ich erst heiraten und wir wollen ein Haus kaufen. Aber alles erst im nächsten Jahr, weil meine Karriere mir gerade so wichtig ist. Mein Freund versteht das nicht, dennoch bin ich einfach gerade nicht bereit dafür. Erst muss alles perfekt sein, bevor ich mich dafür entscheide Mama zu werden."

Elas Worte klangen sehr entschlossen. Die Seele teilte mir immer noch nichts mit. Ich hatte das Gefühl sie sei enttäuscht und gekränkt. Mir fiel schwer zu überlegen, was das Richtige wäre und jetzt zu sagen sei.

„Ich kann dich verstehen, aber manchmal trifft man Entscheidungen mit dem Verstand, statt mit dem Herzen. Und für ein Kind muss nichts perfekt sein…"

Ela unterbrach mich etwas genervt.

„Ja, das mag ja alles sein, aber ich *will*, dass alles perfekt ist und solange passt da kein Kind rein."

Mit diesen hart klingenden Worten verabschiedete sie sich und ging. Die Babyseele verschwand ebenfalls.

Wir sprachen in den kommenden zwölf Monaten nie wieder darüber. Ela kam regelmäßig in meinen Unterricht und ich konnte beobachten, wie sie sich veränderte. Aus dem eher schüchternen, zurückhaltenden jungen Rehlein war eine selbstbewusstere, aber auch gestresste Frau geworden.

Meine Aufgabe ist nicht, mich in das Leben anderer Menschen zu mischen. Ich reagiere beispielsweise nur, wenn eine Schülerin mich anspricht, um Rat fragt oder mich irgendetwas Energetisches dazu drängt.

Ela erzählte in einer Yogarunde aufgeregt von ihrer anstehenden Hochzeit, wenige Monate später hatte sie mit ihrem Mann ein Haus gekauft und ihre Karriere lief erfolgreich, auch wenn das alles seinen Preis hatte. Sie hatte kaum noch Freizeit. Anschließend folgte eine Phase, in der sie nicht einmal Zeit für Yoga fand und sich lange nicht meldete. Als sie wieder einige Wochen später in meinen Kurs kam, schien sie um Jahre gealtert, wirkte traurig und unglücklich. Sie sprach allerdings davon, wie glücklich sie wäre, wie gut alles lief, doch ihre Augen erzählten mir, dass das nicht die ganze Wahrheit war. Ich beließ es dabei.

Manchmal hatte ich in den Stunden das Gefühl sie würde auf etwas warten. Auf etwas, was ich ihr zu sagen hätte. Ich wusste, was es war, ohne dass sie es mir erzählen musste. Sie fragte sich, wann ich ihr wieder von der Babyseele erzählen würde.

Doch da war keine. Ich spürte nichts, außer Leere.

Ich wusste, dass es nicht mehr lange dauern würde, bis sie das Gespräch mit mir suchen würde und so war es auch. „Kate, wie geht es dir?"

„Ich frage eher, wie geht es *dir,* Ela?"

Sie zeigte ihr aufgesetztes fröhliches, freundliches Lächeln. „Oh mir geht es super. Das Haus ist toll, auch wenn da viel zu tun ist und meine Arbeit ist sehr stressig, irgendwie hören die Anforderungen nie auf. Da denkt man, man ist auf der Leiter nach oben fast da – strengt sich an, es frisst alle Zeit und Freizeit, doch da scheint als noch mehr zu kommen...", ihre Stimmung kippte.

„Ach, in Wirklichkeit ist alles gerade nicht so schön. Soviel Stress, der frisst mich auf und dann verstehen mein Mann und ich uns in letzter Zeit nicht mehr so gut. Er ist kaum noch zu Hause und ich weiß gar nicht mehr wo ich anfangen soll, da ist so viel im Haus zu tun...", ihre Augen füllten sich mit Tränen. Ich nahm sie in den Arm.

„Wir haben jetzt in den letzten Wochen versucht ein Kind zu kriegen, also, dass ich schwanger werde. Aber das fühlt sich nicht richtig an, weil es gerade alles von Stress und Frust überschattet ist und es hat nicht funktioniert. Jetzt sagt mein Mann, dass er gar nicht mehr weiß, ob er ein Kind will. Er sagt, dass ich mich verändert habe und in unser Leben jetzt gerade kein Kind passe...", ihre Stimme brach und sie schluchzte. Ich wusste instinktiv, dass dies der Preis dafür war, wenn man sein Leben mit dem Verstand zu kontrollieren versucht und für sein Herz nicht viel Platz lässt. Als sich Ela wieder gefangen hatte, blickte sie mich fragend an. Sie traute es sich nicht auszusprechen, aber ich wusste, was sie auf dem Herzen hatte.

„Es tut mir leid, aber die Babyseele von damals ist gegangen und ich muss dir ehrlich sagen, dass ich jetzt aktuell auch keine spüre – weder die von damals noch eine neue..." Ela weinte nicht mehr, man sah, dass sie sich schuldig fühlte.

„Kommt sie nie wieder? Auch keine neue? Heißt das, dass meine Chance auf ein Kind für immer vorbei ist?"

Ich schüttelte sofort mit dem Kopf. „Nein, nein! Um Gotteswillen, das würde ich mir nie anmaßen zu sagen! Die Seele damals wollte geboren werden. Aber sie wirkte ja auch sehr schwach, vielleicht war es für alle Beteiligten nicht die richtige Zeit. Ob sie wieder kommt oder nicht, oder wann eine andere kommt, das kann ich dir nicht sagen, das liegt ja nicht an mir – ich kann so was nicht herbeirufen." Ich lächelte gequält.

In den nächsten Wochen leistete ich bei Ela etwas Aufbauarbeit. Wir sprachen darüber, dass sie sich entscheiden müsste – ob ihr weiterhin die Karriere wichtig wäre, oder ihre Ehe – beides könne sie nicht derart aufrechterhalten, wie sie es aktuell und bereits seit Längerem tat.

Letztendlich hat sie sich für ihren Mann entschieden. Die beiden näherten sich wieder an und verbrachten mehr Zeit miteinander. Mein Tipp an Ela war, dass sie die *männliche,* harte Karriere-Energie ablegt und daran arbeitet, wieder mehr zur Frau zu werden. Mehr Weiblichkeit, damit ihr Mann wieder mehr Männlichkeit aufbauen kann und dadurch das Gleichgewicht zwischen den beiden wieder hergestellt würde. Sie nahm meinen Rat an, den Kinderwunsch erst einmal in den Hintergrund zu rücken und sich darauf zu verlassen, dass eine Babyseele kommen würde, wenn es Zeit dafür sei; es aber nicht herbeizwingen zu wollen.

Das war sicher nicht einfach, aber es gelang Ela und ihrem Mann in der Folgezeit sehr gut, sich nur auf die Zweisamkeit zu konzentrieren und wieder mehr zu sich zu finden. Darüber freute ich mich sehr und wünschte den Beiden, dass eine Babyseele ihren oder seinen Weg zu ihnen findet.

Was ich mit dieser Geschichte sagen will ist, dass wir manchmal eine Chance verpassen, weil wir uns auf etwas fokussieren, was für uns und eventuell unser Ego in diesem Moment wichtiger erscheint. Man sollte sich über den Preis dafür im Klaren sein und mehr auf sein Herz, statt auf den Verstand hören. Vielleicht war die Entscheidung dennoch richtig und das Beste, was Ela damals tun konnte, um diese Erfahrungen zu machen.

Man sagt ja, dass Gott uns den freien Willen gegeben hat und wir dürfen unsere eigenen Entscheidungen treffen. Diese Fähigkeit gibt uns sozusagen *Macht* über unser Leben, dennoch müssen wir nun mal für unsere Entscheidungen auch die Konsequenzen tragen und…

…vielleicht erhält man manche Chancen nur ein einziges Mal im Leben.

FÜR DAS UNBEKANNTE *Seelchen* <3

》 *Remember* TO BE

kind, GENTLE AND *loving:*

TO YOUR *inner* CHILD.

Loving YOUR *younger* SELF

ALLOWS YOUR OLDER *self*

TO SHINE *brighter.* ✳

CAROL CC MILLER

ERINNERE DICH DARAN

NETT, SANFT UND LIEBEVOLL

ZU DEINEM INNEREN KIND ZU SEIN.

DEIN JÜNGERES SELBST ZU LIEBEN

ERLAUBT DEINEM ÄLTEREN SELBST

HELLER ZU SCHEINEN.

*Sprach*BARRIEREN

Einige Jahre nach der aller ersten *Begegnung*, verstehe ich einiges umso besser. Babyseelen kommen eigentlich immer nur zu mir, wenn auch die Mama in meiner Nähe ist. Das muss nicht im Yoga-Kurs sein, das kann auch überall *passieren*.

Wenn ich eine Energie spüre, kann ich sie nicht immer direkt zuordnen – manchmal ist mir gar nicht bewusst, dass da irgendetwas *Besonderes* auftritt, weil es für mich vielleicht schon normal geworden ist, dass ständig etwas um mich herum ist. Nicht nur Babyseelen. Und nicht immer will mir die Seele etwas mitteilen. Oder sie sind einfach zu leise. So *normal* das für mich mittlerweile schon ist, so außergewöhnlich ist dennoch jeder einzelne Kontakt, sei er noch so klein, zart und kurz. Ich freue mich immer wieder darüber.

Am Einfachsten ist das *Verstehen* der Babyseelen zu erklären, wie das Erlernen einer fremden Sprache. Nehmen wir Arabisch. Als ich das erst Mal in Ägypten war, verstand ich natürlich kein einziges Wort. Diese Sprache klang wie Kauderwelsch und ich hatte immer das Gefühl, dass die Araber nur am Schimpfen sind. Man fühlt sich auch etwas unwohl, weil da Menschen um einen herum in einer fremden Sprache sprechen und man kein Wort versteht. Beim nächsten Ägyptenurlaub, hatte ich ein paar Worte und kurze Sätze gelernt – Guten Morgen, Danke, Bitte usw. So konnte ich wenigstens etwas höflich sein und die Sprache machte mir einfach Spaß. Als ich dann schon einige Male mehr dort gewesen bin, hatte ich meinen

Wortschatz etwas erweitert und die Aussprache der Araber war mir nicht mehr fremd. Statt nur Kauderwelsch zu hören und abgehackte Worte, konnte ich ganze Sätze verstehen. Das heißt nicht, dass ich genau wusste, was die da sprachen oder es übersetzen konnte – aber die Sprache wurde mir merklich vertrauter.

Ähnlich ist es mit den Seelen – ob Babyseelen oder andere Energien oder Wesen. Erst weißt du vielleicht gar nicht, was du damit anfangen sollst, was du da *empfängst*. Doch dann habe ich das getan, was ich bei einem Ausländer auch machen würde: in meiner eigenen Muttersprache geantwortet. Und von Mal zu Mal wurde die Kommunikation besser. Hier geht vieles über Emotionen, Gedanken und Bilder, was die Sache manchmal etwas einfacher macht. Mein Gespür kann ich nicht immer *übersetzen*. Dann muss ich es vielleicht auch gerade nicht.

Eine Weile habe ich im Internet oder in Büchern versucht etwas über diese *Babyseelen* herauszufinden oder zu lernen, doch bis heute noch nichts gefunden. Außer das, was ich selbst erfahre, weiß ich also nichts. Ich fand einiges über Sternenkinder – das sind Kinder, die kurz vor oder kurz nach der Geburt starben. Die Babyseelen mit denen ich kommuniziere sind keine Verstorbenen, ich glaube sie sind auch keine re-inkarnierten Seelen. Sie fühlen sich einfach völlig anders an als alle anderen Kontakte.

Natürlich fragt man sich, warum die Seelen außerhalb des Mutterleibes herumschwirren und nicht *in ihrem* Körper sind. In der Yogaausbildung lernte ich es laut unserem Lehrbuch in etwa so: Die Seelen, die (wieder)geboren werden sollen, sind bereits vor der Empfängnis in der Nähe der werdenden Eltern – die Seelen regeln alles um die Eltern herum, damit die Umstände genauso passen, wie sie sie haben wollen.

Daher verstehe ich, dass die Babyseelen schon da sind, sich bemerkbar machen, wenn die Mutter noch gar nicht schwanger ist.

Auch nach der Empfängnis bleibt die Seele noch 120 Tage außerhalb des Körpers der Mutter bzw. kann sich frei bewegen – das könnte für mich eine Erklärung sein, warum ich auch während der Schwangerschaft mit manchen Seelen kommunizieren kann. Erst am 120. Tag der Schwangerschaft, so heißt es, fährt die Seele in den Körper des Kindes.

Manchmal wird mir die Frage gestellt, ob mich die Babys nach der Geburt wieder erkennen. Grundsätzlich ist es ja *nur* die Seele, die mit mir kommuniziert, nicht das Baby oder der Mensch selbst. Viele spirituelle Überzeugungen sagen ja auch, dass der Mensch nach der Geburt durch das *Tor des Vergessens* geht und danach alles vergisst, was er vielleicht aus anderen Leben, aus dem Universum oder aus seiner Zeit als *reine Seele* weiß. Die *Fontanelle*, die bei den Babys ja noch einige Zeit offen liegt – der Schädel ist noch nicht ganz geschlossen – könnte ein Zeichen dafür sein, dass sie die Verbindung *nach oben* noch besitzen. Viele von uns kennen es, wenn ein Baby im Kinderwagen oder Bettchen liegt und mit irgendwas quasselt, was man gar nicht sieht. Einige sagen, dass die Kinder in diesem Moment mit Engeln oder Verstorbenen sprechen. Wer weiß das schon.

Vielleicht sind diese *Kinder des Lichts* auch keine *normalen* Babyseelen. Schon viele Jahrhunderte oder sogar Jahrtausende gibt es laut vielen Büchern immer mal wieder eine *Ladung* an speziellen Menschen.

Ich selbst bin ja auch kein *gewöhnlicher* Mensch, wie man vielleicht merkt.

Hold THE HAND OF

THE *child* THAT LIVES

IN YOUR *soul*.

FOR THIS *child*,

nothing IS *impossible*.

PAULO COELHO

HALTE DIE HAND DES KINDES

DAS IN DEINER SEELE WOHNT.

FÜR DIESES KIND

IST NICHTS UNMÖGLICH.

𝒯rot𝗭KOPF

Peter, ein hoch gewachsener, freundlicher aber sehr konservativ aussehender Mann, besuchte meinen Yoga-Kurs. Er redete anfangs nicht viel. Ich war unsicher, ob diese Yogarichtung ihm überhaupt liegen würde. Kundalini Yoga ist nun mal etwas außergewöhnlich. Erst nach einigen Yogastunden wurde er offener und erzählte, dass er Marathon läuft und Tennis spielt – das sah man ihm an, er war durchtrainiert. Peter hatte Bandscheibenprobleme und sein Arzt hatte ihm geraten, mit Yoga anzufangen oder er müsse sich operieren lassen – deshalb hatte Peter entschieden, sich ,*das Yoga*' mal anzuschauen. Und entgegen seinen Befürchtungen, tat es ihm gut und machte ihm sogar Spaß.

Zu allem, was ich nun über Babyseelen wusste und nach meinen Erfahrungen damit, war an den Tagen, an denen er teilnahm, etwas anders. Ich spürte eine *Kinderseele* – sie gehörte zu ihm und er war definitiv keine angehende Mutter. Diese Kinderseele fühlte sich auch völlig anders an, als die *Babyseelen*. In der Ecke hinter Peter stand ein etwa sechs Jahre altes Kind, es hatte die Arme verschränkt und blickte dabei beleidigt und wütend auf ihn herunter. Peter saß auf seiner Yogamatte und wir machten gerade eine aktive Meditation. Da ich Peter als eher spießig einschätzte, auch wenn er sehr nett war, hatte ich nicht vor, ihm von einem *Geist eines Kindes* zu erzählen, das anscheinend wütend auf ihn war. Aber ich machte mir meine Gedanken und wartete darauf, dass die Kinderseele mir etwas mitteilen würde.

Das tat sie erst einmal nicht. Der Junge stand einfach nur so beleidigt da und blickte bockig auf Peter herunter.

Mir wurde schlagartig klar, dass es sich hier um Peters *Inneres Kind* handelte – oder zumindest eines davon.

Durch meine Arbeit, durch das Lesen von Büchern und eigenen Erfahrungen in Sitzungen bei meinem *spirituellen Therapeuten*, bin ich davon überzeugt, dass wir mehrere haben – in verschiedenen Altersstufen. Die Schamanen reden von *Seelenteilen*, die wir in unserem Leben immer mal zurück lassen oder verlieren. Einige Therapeuten arbeiten mit diesen inneren Kindern oder sogenannten Seelenteilen, die wir vielleicht durch schockierende, traurige oder traumatisierende Erlebnisse abtrennten. Diese Teile stecken oft in genau dem Lebensalter fest, in dem wir sie in eine Schublade steckten, weil uns eine Erinnerung oder ein bestimmtes Ereignis so unendlich weh tut. Dennoch wiederholen wir diese Erfahrung – Emotion, Muster oder Schmerz – in unserem Leben wohl so lange, bis wir uns dessen bewusst werden, es aus der Schublade holen und uns dem Schmerz oder der Erinnerung stellen. Es ist fast so, als wenn diese Seelenteile oder eben Inneren Kinder danach schreien, zu uns zurückkommen zu dürfen, weil sie zu uns gehören oder uns mitteilen wollen, dass wir einen Fehler nicht schon wieder machen. Andere Innere Kinder wollen vielleicht, dass wir auf sie hören, weil sie es besser wissen.

Zurück zu Peter. In einer Gesprächsrunde, nach dem Kurs, erzählten sich die Teilnehmer kleine Geschichten über ihre Berufe und wie es so läuft. Auch Peter beteiligte sich und erklärte, dass er ein Topverkäufer bei einem großen Autohaus wäre und auf seiner Karriereleiter ganz oben. Er sagte das nicht großkotzig oder arrogant, mir schien es eher, als wenn ein großes Stück Verachtung mitschwang. Irgendetwas belastete ihn – was man nicht zuletzt schon deshalb erahnen konnte, weil es ihm gewaltig auf die Bandscheibe drückte.

Prompt regte sich das Innere Kind von Peter. Ich war überrascht und neugierig. Es schien, als wenn es genau sein Thema war: Peters Job.

Probleme mit der Bandscheibe können davon sprechen, dass man sich versucht zu verbiegen, obwohl man das gar nicht möchte, oder zu steif an etwas festhält und dadurch unflexibel wird. Der Körper kracht unter diesem Ballast in irgendeiner Form zusammen oder wird instabil, weil er nicht flexibel gehalten wird – sind wir unbiegsam mit dem Körper, sind wir unbeweglich mit dem Geist – oder andersherum. Es zeigt sich immer.

Das Innere Kind teilte mir mit, dass es Peters Job hasste. Peters Ego schien genau das erreicht zu haben, was er wollte: Geld und Ansehen, einen sicheren Job und das brachte ihm Stärke.

‚Das ist nicht was ich will! Das macht mich nicht glücklich und ihn auch nicht! Frag ihn, ob er glücklich ist!‘

Und ich fragte Peter einfach so. Er blickte mich an, runzelte die Stirn.

„Das kann ich dir so nicht sagen, eigentlich schon…", er zögerte. „Oder sagen wir: ich habe alles erreicht, was ich erreichen wollte und eigentlich sollte ich glücklich sein." Ich unterbrach ihn nicht, denn ich sah, wie er grübelte.

Die Gruppe kam in Aufbruchsstimmung und so endete unser kurzer Dialog, ohne dass ich weiter darauf einging.

Eine Yogastunde später war das Innere Kind wieder da und drängte mich dazu, bei Peter nachzubohren. Was ich nach dem Kurs auch tat. Wieder war es sehr dünnes Eis – wie damals, als ich das erste Mal meiner Freundin von der Babyseele erzählte. Heute war es für mich neu, dieses Innere Kind zu erwähnen und dazu noch einem Mann, den ich eher als verschlossen und nicht offen für spirituellen Schnickschnack einschätzte. Aber egal – ich hatte gelernt, auf die Seelen eher zu hören, als auf meinen ängstlichen Verstand.

„Peter, ich erzähl dir jetzt mal was. In jeder Stunde steht hinter dir in der Ecke dein Inneres Kind und ist wütend auf dich." Peter runzelte die Stirn, aber ich sah, dass er offen dafür war, was ich zu sagen hatte.

„Aha", antwortete er nur.

„Es geht mich nichts an und ich weiß ja auch nicht, was wirklich in deinem Leben los ist, aber so wie ich das verstehe, weigerst du dich gerade einen Schritt zu gehen, der dein Inneres Kind glücklich machen würde, den du aber für unvernünftig hältst – ist das richtig?"

Seine runzelnde Stirn wechselte zu überrascht hochgezogenen Augenbrauen. „Du meinst, so wie: mein Verstand will die Sicherheit in meinem Job, aber mein Herz will ganz woanders hin?"

Ich nickte. „So kann man es auch sagen."

Und dann quasselte er los. Erzählte davon, dass seine Freundin in Hamburg wohnte, sie sei vor einer Weile wegen einem Jobangebot, auf das sie immer gewartet hatte, dorthin gezogen. Beide würden unter der Trennung leiden und, dass sie sich aufgrund der Entfernung und seinem *zeitraubenden Job* nur noch selten sehen konnten. Immerhin wäre sie überglücklich in ihrem Beruf und möchte nicht mehr nach Koblenz zurückkehren. Im Gegensatz zu Peter: er sei nicht glücklich in Koblenz, nicht glücklich in seinem Job, hängt aber dennoch an diesem hohen Status und dem Geld.

„Ich habe dafür hart gearbeitet, um all das zu erreichen. Ich bin meiner Freundin nicht böse, ich verstehe sie und ich freue mich für sie, dass sie glücklich ist in dem was sie da tut. Aber für unsere Beziehung ist das alles Gift, da kommen wir um eine Trennung nicht drum herum, das kann ja nicht lange auf diese Art funktionieren."

Seine Worte klangen abgeklärt und fest entschlossen. Sein Inneres Kind stampfte mit dem Fuß auf. Ich solle ihm sagen, dass er total dumm sei. Stattdessen fragte ich ihn: „Das sagt dein Verstand. Aber was sagt dein Herz?"

Peter grübelte wieder. „Das ist blockiert. Ich liebe meine Freundin, aber ich fühle mich so blockiert – sie zieht weg, weil sie einen tollen Job gefunden hat und ich hänge hier, weil ich den perfekten Job habe und ihn nicht aufgeben will. Das ist so aussichtslos."

Ist es nicht, du Idiot!', schimpfte der 6jährige Peter. Doch ich hielt es für besser, nicht alles weiter zu geben, was das kleine Wesen sprach. Ich schwieg sogar ganz, weil ich das Gefühl hatte, Peter brauchte diese Zeit zum Nachdenken. Nach einer Weile seufzte er, packte seine Sachen und verabschiedete sich.

Am nächsten Morgen hatte ich eine E-Mail im Postfach, in der Peter mich fragte, ob er bei der nächsten Yogastunde etwas früher kommen könnte, da er mir ein paar Fragen stellen möchte.

„Kate, ich habe das Gefühl du hast bei mir eine Menge ins Rollen gebracht. Ich habe Respekt davor, dass du da von meinem Inneren Kind redest und ich habe mir viele Gedanken gemacht. Ich kenn mich damit nicht aus, habe mich mit so was nie beschäftigt, aber was ich seit dem spüre ist schon verrückt. Ich war immer so ein geradeaus denkender Mann - praktisch, karrierebewusst, zielstrebig und erfolgreich. Auf einmal kommt mir das alles so überaus sinnlos vor. Sag mir, was ich tun soll?"

Ich lachte. „Peter, ich kann dir doch nicht sagen, was du tun sollst!"

„Doch, das kannst du – ich mein, sag mir mal, was dieses Kind da... ist es jetzt auch da?", unsicher blickte er sich um. Ich musste unweigerlich lachen. Dieser sonst so stark und klar wirkende Mann, schien auf einmal unsicher und nervös. Ich finde so was gut, denn dann weiß ich, dass ein Mensch sich endlich bewegt – im Inneren.

„Du selbst musst herausfinden, was dein inneres Kind will – wenn du nur zuhörst, kannst du es hören. Es kommuniziert mit uns über unser Herz oder unser Bauchgefühl."

„Ja aber, wie mache ich das?", unterbrach er mich. „Ich mein, ich fühl mich gerade so, als hätte man mir den Boden unter den Füßen weggezogen. Als ich gestern nicht schlafen konnte, habe ich ständig nur gedacht: *Eigentlich hasse ich meinen Job!* Das war mir nie so klar. Habe ich den schon immer gehasst, oder erst jetzt, wo ich dir begegnet bin und du so komische Sachen sagst und dann das Yoga – irgendwie bringt mich das total durcheinander."

„Fühlt sich das gut oder schlecht an?", fragte ich ihn.

Sofort erwiderte er ohne Zögern: „Gut! Es ist komisch, es gefällt mir nicht, es bringt mich total aus dem Gleichgewicht, aber andererseits fühlt es sich total *gut* an! Ich fühl′ mich lebendig, auch wenn ich überhaupt noch nicht weiter bin und noch ratloser als sonst."

Ich empfahl Peter, jeden Tag zu üben, was sein Inneres Kind ihm mitteilen will und auch auf sein Herz zu hören. Anfangs mag das nicht einfach sein und es benötigt wirklich ständige Übung, aber es wird auch jeden Tag leichter. So ist das mit allem, was man trainiert.

Peter nahm einige Wochen nicht mehr am Yoga teil, bis er wieder auftauchte. Nach dem Kurs kam er direkt auf mich zu.

„Kate, du und dein Inneres Kind…", ich unterbrach ihn lachend: „*Dein* Inneres Kind!"

„Jaja, *mein* Inneres Kind und du habt mich komplett verändert. Zwischendurch war ich wütend, dass du mich mit deinem Gerede so aus der Bahn geworfen hast und ich habe versucht mich wieder in meine alten Gewohnheiten zu werfen, alles wieder so zu sehen, wie vorher. Aber das geht nicht mehr. Alles ist plötzlich so anders. Die Menschen um mich herum, meine Kollegen und mein Job, die ganze Situation mit meiner Freundin – das alles sehe ich jetzt aus völlig neuen Blickwinkeln und ich frage mich, ob ich vorher echt nur Scheuklappen anhatte. Ich bin in einer Phase, wo ich ständig nur sagen könnte: *Ich hasse...* weil ich herausfinde, dass ich Dinge in meinem Leben tue, die mir eigentlich gar keinen Spaß machen – ob das mein Job ist, oder sogar das Tennisspielen – ich hasse es. Oder sagen wir: ich mag es nicht mehr. Es fiel mir nicht leicht die Entscheidung zu treffen, aber ich habe mich in Hamburg bei einigen Firmen beworben – für dieselbe Position, in der ich mich jetzt auch befinde – so habe ich einen Mittelweg gefunden. Denn ich will bei meiner Freundin sein und auch, wenn ich da wieder etwas härter arbeiten muss, um meinen Status von Koblenz zu erreichen, dann tue ich das. Aber ich habe endlich entschieden, dass ich nach Hamburg zu meiner Freundin gehe – und die ist überglücklich."

Ich freute mich für Peter und er drückte mich.

„Danke Kate!"

Ich spürte, wie das Innere Kind dennoch etwas zu sagen hatte und gab es weiter: „Ich finde es toll, dass du diese Erkenntnisse hattest und die Veränderungen machst – doch eins möchte ich dir noch sagen: Überlege dir parallel doch noch mal, ob du nicht etwas ganz anderes arbeiten möchtest, als das, was du jetzt tust."

Sofort reagierte Peter ablehnend: „Ne, lass mal – das sind doch Veränderungen genug und das ist das, was ich perfekt kann und wieder eine Menge Geld mit machen kann – man hat sich ja an den Erfolg und die tollen Autos gewöhnt... und erst wenn ich da eine feste Zusage für eine neue passende Anstellung habe, die Verträge unterschrieben sind, ziehe ich hoch."

Ich lächelte, denn irgendwie hoffte ich, dass er auch das noch überdenken würde. Nach diesem Gespräch sah ich den hoch gewachsenen Mann nicht wieder.

Ein Jahr später schrieb mir Peter eine lange Email aus Hamburg und bedankte sich noch einmal bei mir. Er erzählte, wie sehr er sich verändert hätte und, dass es das Beste war, was er in seinem Leben hätte tun können: auf sein Inneres Kind und Herz zu hören und das, was ich ihm gesagt habe, hätte sein Leben verändert. Seit meinem Anstoß hatte er täglich versucht mit seinem Inneren Kind zu kommunizieren und herauszufinden, was er wirklich will. Irgendwann hatte es PENG gemacht und es war, als hätten sein *Stock im Hintern* und seine Scheuklappen sich vollständig aufgelöst. Peter hatte auch nicht darauf gewartet, bis sich der passende Job in seiner alten Position irgendwann mal anbieten würde.

Ein einziges Vorstellungsgespräch in Hamburg hatte gereicht und Peter fasste nach fünf Minuten den Entschluss: *,In so was will ich nie wieder arbeiten, das will ich nicht mehr machen.'* Peter war aufgestanden, hatte sich entschuldigt und verabschiedet, ist nach Koblenz gefahren, hat seine Wohnung und seine Arbeit gekündigt und ist, ohne noch eine Sekunde zu zweifeln oder zu zögern, zu seiner Freundin gezogen. Dort sei er jetzt für eine Weile Hausmann und strebte täglich danach herauszufinden, was er *wirklich* gerne machen möchte. Diese Auszeit hätte ihm unglaublich gut getan – er praktizierte regelmäßig Yoga und hatte dort eine Kundalini Yoga Lehrerin gefunden, deren Unterricht er zusammen mit seiner Freundin besuchte. Seine Bandscheibe wäre wieder völlig okay, seine Beziehung wundervoll und sein Leben blühte, wie noch nie.

Seine Worte berührten mich zutiefst. Einem Menschen dabei geholfen zu haben, seinem Herzen zu folgen erfüllte mich mit großer Dankbarkeit und ich freute mich wirklich sehr für ihn.

Ein weiteres Jahr später schrieb er mir noch einmal. Ich war total überrascht. Peter wollte mir unbedingt mitteilen, dass er immer noch sehr glücklich wäre – nun auch seine *Berufung* gefunden hätte und er der glücklichste Mann auf der Welt wäre.

Ich habe immer noch diesen steifen, grauen, unglücklichen, großen Geschäftsmann vor Augen, und wie er zur ersten Yogastunde in meinen Unterricht kam. Der Schwierigkeiten hatte, gerade zu sitzen oder manche Übungen mitzumachen, da seine Bandscheibenprobleme ihm Schmerzen bereiteten und sein ganzer Körper sehr ungelenkig war. Auch wenn ich ihn schon sehr lange nicht mehr gesehen habe, so bin ich mir sicher, dass aus diesem Mann nun ein glücklich strahlender, flexibler Kerl geworden ist, der sein Leben und die Liebe genießt.

Im Gegensatz zu Babyseelen sind unsere Inneren Kinder, oder zumindest eines davon, ständig da. Seit meiner ersten Peter-Kind-Begegnung nehme ich die oft überall wahr, wenn ich mich darauf konzentriere. Meine eigenen eingeschlossen. Die habe ich im Vorfeld im Laufe einiger Jahre durch meinen *spirituell arbeitenden* Psychotherapeuten kennen und verstehen gelernt. Das hat mich für meine Arbeit damit wundervoll vorbereitet.

Man sollte jetzt nicht denken, dass ich täglich darum laufe und mit Inneren Kindern von anderen Menschen kommuniziere oder sie bewusst wahrnehme. Das ist meist im Yogaunterricht der Fall oder eben, wenn jemand mit seinen Problemen auf mich zukommt.

Jeder Mensch kann zu seinen Inneren Kindern Kontakt aufnehmen, mit etwas Übung kann man auch das Alter einschätzen, mit dem sie sich melden. Die Schamanen nennen sie wie gesagt *Seelenteile* – die sich in gewissen Lebenssituationen von uns abgetrennt haben – manchmal durch traumatische Erlebnisse, durch Unfälle oder einschlägige Erfahrungen. Ich habe vor einigen Jahren bereits mehrere Bücher über *Seelenrückholungen*[3] gelesen, die alle sehr interessant waren.

---

3 Buchtipps: Seelenrückholung – Alberto Villoldo
Auf der Suche nach der verlorenen Seele – Sandra Ingermann

Heute sehe ich diese Seelenteile meist als Innere Kinder und immer haben diese Kinder uns etwas mitzuteilen.

Manche sind die Ursache für unsere Blockaden, unsere Ängste, Muster und unser Verhalten. Wir können mit ihnen kommunizieren, ob in Gedanken oder man setzt sich hin und führt mit ihnen einen schriftlichen Dialog. Es sind Energieteile von uns, die irgendwo auf der Strecke geblieben sind. Die wir bewusst finden und sie wieder in uns vereinen sollten.

Allerdings ist das ein eigenes Thema und so unglaublich umfangreich, dass ich es hiermit belasse. Für mich war es wichtig, dieses Beispiel anzubringen und, dass es für mich einen Unterschied zwischen Inneren Kindern und den Babyseelen gibt. Das sind zwei völlig verschiedene Energieformen und existieren auch in völlig unterschiedlichen Dimensionen.

Nach all diesen Erlebnissen über die ganzen Jahre dachte ich bis 2016, ich wüsste nun alles und so läuft es nun weiter.

Doch zweitens kommt es anders und
$\qquad$ trotzdem als man denkt.

DENN DANN

KAM *Paulina*...

✳ AND THEN MY *soul*

saw YOU AND IT *kind* OF WENT

„OH THERE *you are*.

I´VE BEEN *looking* FOR YOU." ☆

MESGULSINYALI

UND DANN SAH MEINE SEELE DICH

UND ES WAR EINE ART VON:

„OH DA BIST DU JA

ICH HABE SCHON NACH DIR GESUCHT"

*Wirbel*WIND

Als mir Paulina das erste Mal begegnete, war ich ziemlich verwirrt. Der kleine Wirbelwind erschien bei mir zuhause mitten in einer Diskussion über Eifersucht und Lügen mit meinem damaligen Freund Dave[4]. Wir waren in den ersten Monaten unserer Beziehung und ich spürte ziemlich stark, dass er etwas vor mir zu verbergen hatte. Ich war ziemlich in Rage, als Daves Hund Bruno plötzlich sehr unruhig wurde. Er hatte seinen Blick starr auf etwas in der Luft oder am Sofa gerichtet und es machte ihn sichtlich nervös. Der Rottweiler war kurz davor zu bellen, fiepte rum und lief unruhig hin und her. Das Tier hatte es rascher gesehen, als ich es spüren konnte.

Dave wusste noch nichts von meiner spirituellen Ader, ich wollte ihn jetzt nicht damit verschrecken, dass es für mich normal war, Geister im Haus zu haben. *Noch* nicht zumindest. Aber erstens kann ich meinen Mund nicht immer halten, so wie ich das will und zweitens kam er von selbst auf dieses Thema.

„Was hat der Hund bloß? Ist ja fast so, als wenn er was sieht, was wir nicht sehen können."

Ich kniff meine Lippen zusammen. ‚*Bloß kein Kommentar, Kate, halt´ einfach deinen Mund und erzähl´ ihm jetzt nichts von Geistern und Seelen und so einem Zeug.*' – aus meinem ungeöffneten Mund kam nur ein vorgegaukelt ahnungsloses: „Hm?"

„Jetzt mal ehrlich, das ist ja richtig unheimlich."

---

4 Eine der Hauptrollen im Buch „In Wahrheit gelogen" von Kate Bono

Ich machte eine eher lustige Bemerkung, damit er mich nicht ernst nahm, obwohl ich es ernsthaft so meinte.

„Ach, wir haben hier immer mal einen Geist oder so, das merken Hunde nun mal", ich zuckte mit den Schultern, während ich deutlich spürte, dass sich eine Energie im Zimmer befand.

Dave blieb ruhig, aber wir diskutierten weiter. Bruno beruhigte sich allerdings nicht.

„Der Hund macht mich noch total irre. Ich hab ja selbst schon das Gefühl, dass mir was im Nacken sitzt oder zumindest hinter mir auf dem Rand vom Sofa."

Und da hatte er Recht.

Ich spürte eine Babyseele. Das wiederum machte *mich* etwas nervös. Bisher waren diese Babyseelen ja immer nur dann erschienen, wenn eine Mutter in meiner Nähe war. Entweder eine Frau, die schwanger werden wollte oder eine, die es bereits war. Für mich stellte sich in diesem Moment die Frage, welche gebärfähige Frau sich gerade im Haus befand.

Die 70jährige Rentnerin im Erdgeschoss schloss ich aus, doch übrig blieben meine 18jährige Tochter und ich selbst. Ich stieß ein gedankliches Stoßgebet aus: ‚*Oh bitte, geh wieder weg, lass mich und auch meine Tochter nicht schwanger sein, das wäre eine Katastrophe. Egal für wen. Liebe Seele, hier ist keine gebärwillige Frau in der Nähe, also bitte geh wieder!*'

Doch die Babyseele blieb und es fühlte sich an, als wenn sie hinter Dave hin und her tanzen würde. Wie so ein kleiner Wicht. Nur eben in Energieform. Sie wollte mir etwas mitteilen und es machte sie ganz wild, weil ich sie nicht verstand.

Ich wusste sofort, dass es eine weibliche Seele ist. Zu diesem Zeitpunkt war ich total aus der Übung, denn es war in den letzten Monaten schon lange keine Wesenheit mehr aufgetaucht.

‚Ich verstehe dich nicht, ich weiß du willst mir was sagen, aber ich verstehe es nicht.' Meine Dialoge in meinen Gedanken gingen weiter, während ich mich in der *Realität* mit Dave unterhielt. Mittlerweile diskutierten wir nicht mehr, unser Gespräch war friedlicher geworden und ich merkte, dass mein Freund inzwischen genauso unruhig war, wie Bruno.

Und dann drängte mich die Seele, ihm das zu erzählen, was ich wirklich wahrnahm. Du kannst es dir denken – der Feuerball in mir.

„Hier ist eine Babyseele!", schoss es total unüberlegt aus mir raus.

„*Was* ist das?", Dave lachte mich aus, er nahm mich nicht ernst und dachte, ich mache nur einen Scherz.

Daves Reaktion entnahm ich, dass er nicht nur total überfordert war, sondern kurz überlegte, ob er die Männer mit der weißen Weste bestellen sollte.

„Eine Babyseele... Du verarscht mich!"

„Ähm, nein, das meine ich wirklich ernst", antwortete ich ihm, während der kleine energetische Wirbelwind durch das Wohnzimmer tanzte und mich mit Informationen füllte. Ich verstand nur Chinesisch, also versuchte ich die Emotionen zu deuten, die ich von der Seele spürte und mit etwas Glück und Geduld würde ich wissen, was sie von mir will. Allerdings sprach sie plötzlich Mandarin oder Vietnamesisch, ich verstand nämlich kein Wort.

Dave lachte sich kaputt, aber ich merkte ihm an, dass er grübelte. Ich war mir sicher, dass auch er etwas wahrnahm. Vorsichtig, und so nebenbei wie möglich, versuchte ich ihm zu erklären, was das mit so einer Babyseele auf sich hatte. Während ich weiterhin darüber nachdachte, warum sie hier war. Ich hatte ernsthafte Sorge, dass meine Tochter schwanger wäre. *Oder wann hatte ich zuletzt meine Periode gehabt?*

Ich kann verstehen, dass es für jemanden, der *überhauptnietotalnicht* spirituell ist und auch nach über fünfunddreißig Jahren noch nie was damit am Hut hatte, total irre klingt. Wenn mir ein Fremder erzählen würde: „Ich sehe tote Menschen!", dann würde ich ihn auch skeptisch anblicken und wahrscheinlich auf Beweise warten.

Das Thema Babyseele war kurz danach abgeschlossen. Ich glaube, Dave hatte genug davon gehört. Was ihn sichtlich überforderte – er war vielleicht auch geschockt ob der neuen Information, dass seine Freundin einen *gewaltig an der Schüssel* hatte und musste sich vermutlich erst einmal damit auseinandersetzen, ob er mit dieser Tatsache klar kommen würde. Vielleicht dachte er auch: ,*Das geht bestimmt wieder weg, wenn ich sie einfach nicht mehr drauf anspreche!"*

Die kleine Seele blieb weiterhin präsent, doch etwas besonnener und auch Bruno war nicht mehr ganz so aufgeregt. Es kehrte Ruhe ein. Außer in meinem Kopf. Denn ich verstand ja immer noch nicht, warum sie da war.

Als wir ins Bett gingen, war sie verschwunden und tauchte auch am nächsten Tag nicht wieder auf.

,*Wer weiß, was das war...',* ich hakte die Angelegenheit ab und wollte mir keine weiteren Gedanken mehr darum machen. Es würde sich schon zeigen, wenn es wichtig wäre.

Nach ein paar Tagen, ich saß alleine auf meinem Sofa und schrieb an einem meiner Bücher, wurde mein eigener Hund Tyson sehr unruhig. Das war untypisch für ihn – er war ein sehr fauler und ruhiger Hund, der höchstens den Staubsauger anbellte, weil er ihn nicht leiden konnte. Er kläffte jedoch plötzlich laut und riss mich damit unvermittelt aus meiner Konzentration.

„Tyson, manno, erschreck mich doch nicht so", rief ich ihm zu. Er stand unter dem Bogen zwischen Ess- und Wohnzimmer, blickte aufgebracht das Fenster hinter mir an und knurrte. Mein Blick wanderte zum Fenster – da war nichts. Wie denn auch, denn wir wohnten im zweiten Stock eines Hauses. Wieder bellte Tyson und jaulte sogar, als wenn ihm etwas Angst machen würde und er mich beschützen wollte.

„Super Tyson, selbst wenn da etwas wäre, du bist doch viel zu feige", lachte ich und beobachtete meine einäugige Bulldogge, wie er den Kopf einzog. Er schien zu überlegen, was er tun sollte – geheuer war ihm das, was auch immer es war, wohl nicht. Ich spürte erst gar nichts, bis meine Nackenhaare sich aufstellten und es war, als wenn ein kleiner Luftzug meinen Arm streifen würde. Jetzt spürte ich es – da war etwas in der Nähe des Fensters, welches sich nur eine Armlänge von mir entfernt befand.

Tyson bellte noch einmal, zog wieder den Kopf ein und ging zur hintersten Ecke des Wohnzimmers, in die er sich mit einem lauten Schnaufen in Lauerstellung sacken ließ, das Fenster nicht aus den Augen lassend. Oder sagen wir: das, was er da am Fenster sah, beobachtete er sehr argwöhnisch.

Das war äußerst ungewöhnlich. Tysons Hundebett befand sich ein paar Meter weiter im Esszimmer nebenan. Selten legte der König sich woanders hin und schon gar nicht in eine Ecke des Wohnzimmers auf den blanken Boden.

„Ty, das Wesen hat genau so viel Angst vor dir, wie du vor ihm." Ich konnte nicht einordnen, was es war, weil ich es nur ganz schwach spüren konnte. Und es schien sich nicht wirklich herein zu trauen oder es war ihm nicht möglich, von draußen ins Wohnzimmer zu kommen.

Mag seltsam klingen[5], aber ich ziehe regelmäßig Schutzkreise um meine Wohnung und unser Haus und räuchere mit schamanischem peruanischem Räucherwerk die Zimmer aus, wenn sich meine Kinder oder ich mich unwohl fühlen. Wir sind es gewohnt, dass sich irgendwelche Energien, Wesen oder Geister um uns herum befinden, aber es gibt eben welche, die keine *gute* Energie verbreiten und uns manchmal sogar Angst

---

5 notetomyself: witzig Kate, das ganze Buch klingt seltsam

machen. Immer wenn das wieder mal so ist, ziehe ich diese Schutzkreise.

Negative Energien und alles Negative müssen weichen und draußen bleiben, nur positive Energie darf hinein.

Das ist in ungefähr der *Zauberspruch,* den ich in meinem unkomplizierten Ritual verwende. Ich fragte mich in diesem Augenblick, wie lange es her war, dass ich den Hokuspokus das letzte Mal durchgeführt hatte. *Konnte die Energie deshalb nicht hineingelangen? War sie auf zu niedriger Frequenz oder schlichtweg zu schwach? Hatte sie Angst vor meinem Hund?* In meinen Kopf schoss die Frage, ob es wieder die Babyseele sein könnte, die sich vor ein paar Tagen gezeigt hatte, als Dave hier gewesen war. Allerdings war die ja wohl ohne Probleme ins Haus gekommen. Auffordern hineinzukommen würde ich dieses Wesen ganz bestimmt nicht, denn wenn es positive Energie wäre, könnte sie alleine hinein kommen. Negatives lade ich mir bestimmt nicht freiwillig ein. *Ja, das ist wie mit den Vampiren.*

„Ich weiß ja nicht, was du willst, denn das musst du mir schon sagen", klärte ich das wichtelartige Wesen auf, doch ich erhielt keine Antwort. Die Energie wurde schwächer, ich spürte sie kaum noch. Tyson lag immer noch wachsam in der Ecke und glotzte ängstlich auf das Fenster. Ich lenkte meine Aufmerksamkeit wieder auf meinen Laptop und spürte das schwache Etwas noch rund zehn Minuten. Dann schien es weg zu sein – und wie auf Kommando stand auch Tyson auf und wackelte in sein Bett.

Zwei Wochen später saß ich bei Dave zu Hause auf dem Sofa und wir schauten einen Film, als Bruno urplötzlich aufsprang und die Lampe anbellte. *Da ist sie ja wieder, die*

Babyseele, stellte ich fest. Und sie hatte Angst vor Bruno. Nun witzelte mein Freund, was ich denn dieses Mal von zuhause für einen Geist mitgebracht hätte.

„Einen Wicht! Immerhin wohnst du in der Koboldgasse, die sind hier zu Hause!", flachste ich. Wir machten uns darüber lustig und die Seele verschwand auch irgendwann wieder, ohne weiter aufzufallen. Ich war verwirrt, dass sie erneut erschienen war und konnte es mir einfach nicht erklären. *Ob es dieselbe Energie ist, die neulich an meinem Fenster war?* Auch dieses Mal konnte ich nicht viel spüren oder verstehen. *Dann ist es eben noch nicht Zeit dafür,* erklärte ich mir.

Ein paar weitere Wochen vergingen, ohne dass sich die Babyseele wieder zeigte. Mein Freund ließ mich mit meiner Eifersucht weiterhin im Dunkeln tappen während ich ihn ständig mit meiner Intuition konfrontierte, nämlich dass er mir etwas verheimlichte, mich belog oder sogar betrügen würde.

Verrückt wird es selbst für mich, wenn diese Wesenheiten ganz klare Namen nennen und mit *ganz modernen Mitteln* arbeiten. Die Babyseele flog irgendwann erneut wie aus dem Nichts durch mein Wohnzimmer, als ich alleine war und vor meinem Notebook saß. Sie führte mich auf eine Suche nach einer Frau namens Ramona Caputo, die ich nicht kannte. Sie zeigte sie mir auf Facebook, doch ich konnte nichts damit anfangen und als ich Dave auf diese Frau ansprach, erwiderte auch er, dass er sie nicht kennen würde. *Seltsam, was soll das alles nur bedeuten?* Ohne weitere Erklärung verschwand die Seele auch dieses Mal wieder.

Es war ein Freitagabend im Juni 2016, ich werde diesen Abend niemals vergessen. Die Lage zwischen Dave und mir war am Nachmittag eskaliert, da ich mir sicher war, er hätte neben mir noch eine andere. Ich drückte ihm die Pistole auf die Brust: Entweder er würde reden oder ich würde die Beziehung beenden. Er wählte russisches Roulette und ich schoss scharf. Ich beendete die Beziehung am Telefon.

Wie eine wild gewordene Energie erschien die Babyseele etwas später an diesem Abend und quatschte auf mich ein, doch wie immer verstand ich sie nicht.

„Was willst du von mir? Ich hab' gerade ganz andere Sorgen! Red´ deutlich mit mir oder lass es!"

Ich war so wütend auf Dave und aufgrund der Situation so durcheinander, dass ich mich kaum unter Kontrolle hatte. Die Seele drängte weiter. Langsam hatte ich das Gefühl ich werde bekloppt.

Die Babyseele quasselte unaufhörlich auf mich ein. Es war unumstößlich, dass sie mir etwas mitteilen wollte und es hatte wieder mit dieser *Caputo* zu tun, wie auch beim letzten Mal.

Da das Facebook Profil nichts hergab und die Suchergebnisse bei Google auch nur ein großes Geheimnis aus ihr machten, wollte ich aufgeben. Plötzlich schoss mir ein Gedanke in den Kopf: *Was, wenn diese Ramona mit Dave zu tun hat? Ist sie die andere Frau?*

Mein Herz schlug mir bis zum Hals, ich hatte Angst vor der Wahrheit, aber wenn ich nicht bald Gewissheit haben würde, könnte die Gefahr bestehen, dass ich Amok laufe.

„Ich weiß ja nicht, was du mit dieser Caputo willst, da musst du mir schon mehr dabei helfen, der Frau auf den Grund zu gehen!", sprach ich mit der Babyseele.

Die Information kam prompt. Und zwar so deutlich, dass ich es selbst kaum glauben konnte: ‚*Such nach der Mutter, selber Nachname, du findest sie!*'

Wie immer halte ich solche Gedanken erstmal schlichtweg für absurd – wie soll ich denn die Mutter finden, wenn ich nicht einmal diese Tochter selbst kannte, und überhaupt, was sollte das denn bringen. Dennoch gab ich neugierig den Nachnamen bei Google ein und tatsächlich – kaum zu glauben – da war eine Irmgard

Caputo. Diese Frau hatte eine eigene Website, gefüllt mit Unmengen an Bildern und Informationen über Katzen.

„Super, eine Homepage vollgepackt mit Katzen, Katzen und noch mal Katzen", ich lachte über mich selbst und während ich die kompletten Seiten überflog, jede einzelne Verlinkung anklickte, fand ich rein gar nichts, was auf die Tochter Ramona hinweisen könnte. Weder ein Bild noch überhaupt eine Verknüpfung. Ich las flüchtig die Einträge in den News, die diese Irmgard fast täglich führte, doch vor lauter Katzen und noch mal Katzen, dachte ich, ich bekomm gleich meine typische Allergie.

„Vielleicht ein dummer Zufall, dass der Name gestimmt hat. Hier findet sich nichts. Ich weiß nicht, was du von mir willst – immer noch nicht!" Etwas enttäuscht und auch genervt, an mir und an der Sache mit der Babyseele zweifelnd, schloss ich frustriert das Browserfenster der Katzenmuttihomepage.

Die Babyseele schrie mich regelrecht an – nicht boshaft, eher sehr drängend. ‚Du musst noch einmal da drauf! Tu mir den Gefallen und such noch weiter! Du wirst es finden! Such weiter!'

Seufzend öffnete ich hoffnungslos die Kittycatseite noch ein weiteres Mal, wusste gar nicht wo ich anfangen sollte, doch die Seele konnte ich kaum überhören: ‚Die News, kuck dir die News an!'

„Da hab´ ich doch eben schon zweimal drüber gelesen, das ist doch alles sinnlos, was will ich denn mit..."

Meine Tochter Ramona hat am Dienstag ihre kleine Tochter Paulina entbunden.

Der Eintrag traf mich wie ein Schlag. Dieser war erst wenige Tage her und nur mit drei kurzen Sätzen erwähnt, inmitten der ganzen Flut von Katzennews. Es war als könnte ich die Babyseele vor Freude in die Hände klatschen hören.

Ich war fassungslos, denn innerhalb von Sekunden fiel bei mir der Groschen – noch nie habe ich so schnell neun Monate zurück gerechnet und festgestellt, zu diesem Zeitpunkt war mein Freund noch nicht mit mir, aber mit seiner Ex zusammen, von der er mir nie den Namen genannt hatte. Die Babyseele schwieg, während ich total geschockt vor dem Laptop saß.

Nun wusste ich sein Geheimnis. Dave war Vater geworden und hatte mir verheimlicht, dass während unserer ersten Monate eine schwangere Ex von ihm rum lief und jetzt sogar entbunden hatte. Außerdem wusste ich nun den Namen der Babyseele: Paulina.

Es faszinierte mich sehr, dass diese starke Energie den Weg gewählt hatte, Kontakt mit mir aufzunehmen. Das trotzte ja meinem bis dahin gesammelten Wissen: *Die Babyseele ist immer in der Nähe der Mutter und ich nehme sie nur wahr, wenn die Mutter ebenfalls in meiner Nähe ist.*

Puh – Paulina hatte dieses *Wissen* gerade mal über den Haufen geworfen. Die kleine Seele hatte mit allen Mitteln dafür gesorgt, dass ich von ihrer Existenz erfuhr – warum auch immer.

Man könnte meinen, dass danach die Geschichte vorbei gewesen wäre – doch der Kontakt mit Paulina blieb und ich versöhnte mich mit Dave am selben Abend wieder, als ich das Geheimnis herausgefunden hatte. Die kleine Seele war sehr oft präsent in der darauffolgenden Zeit. Meistens, wenn ich mit Dave zusammen Zeit verbrachte, aber auch an anderen Tagen, wenn ich alleine, ohne ihn, bei mir zuhause war. Manchmal schien sie einfach nur da zu sein, ohne groß etwas mitteilen zu wollen, als würde sie Gesellschaft suchen. Sie war auch viel ruhiger und ausgeglichener als vorher. Ich verstand nur nicht, warum sie so viel Zeit mit mir verbrachte – sollte sie nicht bei ihrer Mutter und „ihrem Körper" sein? Ein Mysterium. Ich erklärte es mir damit, dass sie vielleicht immer dann bei mir war, wenn sie in der Realität schlief. Damit konnte ich wenigstens etwas anfangen.

Meine Verbindung zu Paulina war stark. Ich kann es kaum erklären. Es war ähnlich wie die Verbindung zu meinen eigenen zwei Töchtern – ich liebe sie innig, sie sind mein ein und alles. Die Verbindung zu Paulina fühlte sich nicht genau so, aber doch ähnlich an. Eine besondere Verbundenheit. Das *Warum* lässt mir bis heute keine Ruhe.

Das Verhältnis zwischen Dave und Ramona war im Gegensatz dazu nicht das Beste. Die Machtspielchen zwischen den beiden waren völlig sinnlos und sie trugen alles auf dem Rücken des Babys aus. Hätte Paulina nicht weiterhin vehement den Kontakt zu mir gesucht, wäre sie nicht so hartnäckig gewesen, hätte ich diese Beziehung niemals so lange durchgehalten. Die nächsten Monate waren nervenaufreibend. Und es war, als wenn sich Paulina immer wieder zu mir flüchtete – energetisch – vielleicht weil es bei ihrer Mutter kaum auszuhalten war. Ich bekam durch die Erzählungen von Dave und seiner Familie nur Bruchstücke mit. Die reichten allerdings aus, dass ich mir Sorgen um die Gesundheit von dem kleinen Mädchen machte. Ihre Mutter wirkte als hätte sie schwere psychische Probleme, das Kind schien unterernährt, bekam anscheinend nur Rohkost, doch ich konnte nichts weiter ausrichten, als Dave und die Seele auf ihrem Weg eine Weile zu begleiten. Was nicht einfach war, denn ich war die Freundin von Dave, mit dem ich noch ganz andere Schwierigkeiten hatte und ich agierte ja auch nicht als Familien-Therapeutin. Unsere Beziehung war ein Desaster, nicht nur wegen Ramona und Paulina. Die Situation spitze sich bis Jahresende drastisch zu, so dass ich erneut den Schlussstrich zog.

Am Wochenende nach meiner Entscheidung, Mitte Dezember, fuhr ich auf einen spirituellen Workshop. Das Event war das „Starpeople Training[6]" von Bahar Yilmaz und Jeffrey Kastenmüller.

Als ich Freitag dort hinkam, war ich ausgelaugt und fühlte mich leer. Tieftraurig hätte ich nur heulen können und wäre am liebsten wieder nach Hause gefahren. So viele fremde Menschen, mein Herz tat weh, ich dachte nur an Dave und an die ganze Situation. Ich war mir sicher, ich würde mich nicht konzentrieren und öffnen können.

Als Bahar und Jeffrey die Halle betraten, bebte die Atmosphäre und lud mich innerhalb von Sekunden wieder auf. Die Ansprache von Bahar war ergreifend und gab mir auf den Schlag weg enorme Hoffnung, dass doch alles irgendeinen Sinn haben könnte.

„Alles was in diesem Jahr passiert ist, musste so sein. Es hat dich genau hierher gebracht und für dieses Training vorbereitet."

Wow – dann waren die ganzen heftigen Monate ja doch zu was gut, dachte ich. Spät am Abend, nach der Einführung, nach sportlichen Tanzeinlagen zum Wachwerden und einer aktiven Meditation, wurden wir in einen ruhigen, tiefen tranceähnlichen Zustand geführt. Ich versuchte mich trotz Liebeskummer auf die Meditation zu konzentrieren. Die laute, sehr coole Musik dröhnte in meinem Kopf. Die Tränen rannen mir ungebremst meine Wangen hinunter. Unsere Reise führte uns weit hinaus ins Universum, immer höher, immer weiter, zu unserem höheren Selbst. Das allein schon war bombastisch und unbeschreiblich schön.

Nach einer Weile nahmen wir unsere Version des höheren Selbst mit hinunter und stellten es hinter uns, die Hände auf unseren Schultern ruhend. Die wie elektrisch geladene Luft ließ es fast knistern, so eine

---

6 mehr über die beiden unter http://www.baharjeffrey.com/

hochschwingende Energie hatte ich noch nie erlebt, das war echt magisch.

„Und nun zeigt dir das höhere Selbst deine Lebensaufgabe", tönte Jeffrey ins Mikrofon.

Ohja, meine Lebensaufgabe, die wüsste ich so gerne, dachte ich und war total aufgeregt, was sich da jetzt zeigen würde. Ich atmete tief durch, war völlig entspannt und voller Vorfreude. Mein Herz klopfte vor Aufregung und ich hatte Gänsehaut. Ein kurzer Blick zu meiner Meditationspartnerin gegenüber, die mir im selben Moment zublinzelte und lächelte, ihr rannen ebenfalls die Tränen hinunter, und ich war wieder in der Meditation.

Was würde sich da wohl zeigen... Kate konzentriere dich nicht zu viel, sonst zeigt sich gar nichts... bleib einfach ganz...

Paulina?! Geh weg, was machst du da? Geh weg!

Im Geiste versuchte ich sie weg zu wedeln, als wenn sie mir die Sicht auf meine Lebensaufgabe versperren würde und ich sie wegjagen könnte.

Paulina, geh weg da!

Doch sie blieb und blickte mich trotzig an.

‚*Warum sollte ich gehen?*'

Weil du da nicht hingehörst, komm später wieder, oder lass mich einfach ganz in Ruhe. Bitte, geh jetzt weg da!

‚*Du verstehst es nicht, Kate. Ich bin ein Teil deiner Lebensaufgabe!*'

Nein, das will ich nicht! Verschwinde!

Jetzt darf man sich das nicht vorstellen, als wenn ich ein Kind verjagen würde, das Hilfe benötigte. Ich war ziemlich down wegen Dave und mein Schlussstrich endgültig. Ich war total sauer auf ihn, wollte jetzt meine Lebensaufgabe sehen, mich dann genau da vollkommen hineinwerfen und sie ausleben. Sollte sich diese Energie oder Babyseele, oder *wasauchimmer*, doch eine andere Hilfe suchen.

‚Kate, bitte – wir brauchen dich, er braucht dich und ich brauche dich. Überhaupt brauchen wir dich alle drei!'

Ich versuchte sie sogar zu ignorieren, atmete tief ein und aus und versuchte um sie herum zu blicken, um einen Blick auf meine *wirkliche* Lebensaufgabe zu erhaschen.

‚Ich bin *ein Teil deiner Lebensaufgabe!'*

Jetzt hört die auch noch meinen Gedanken zu. Geh weg!

‚Nein, ich werde nicht gehen, bitte, hilf mir – gib ihn nicht auf, glaub an ihn, wir brauchen dich!'

Kennt ihr die kindliche Kaiserin aus der *Unendlichen Geschichte*? So stand Paulina gerade vor mir – mit Augen, die so flehend darum baten, dass ich fast aufgab.

Es ist so viel passiert, es ist zu spät – ich kann das nicht. Wie soll ich das schaffen, ich habe keine Kraft mehr – so einem Kampf bin ich nicht gewachsen, das kann ich einfach nicht.

Mittlerweile heulte ich, so leise wie möglich. Ich war fast dankbar, dass Bahar und Jeffrey die Meditation jetzt langsam dem Ende zuführten. Der Rest des Abends ging schnell um, leider viel zu schnell. Die nächsten zwei Tage des Trainings waren ebenso abenteuerlich wie wundervoll. Paulina war immer irgendwie präsent, aber ich versuchte sie die meiste Zeit einfach nur zu ignorieren.

Allem Widerstand zum Trotz gab ich Dave noch vor Weihnachten eine neue Chance und im Frühling dann war es so weit – wir holten die mittlerweile acht Monate alte Paulina ab, ich durfte sie zum aller ersten Mal sehen. Die Mutter übergab sie uns mürrisch und nicht ohne unverschämte Kommentare. Paulina schlief. Wir setzten sie samt Babysafe ins Auto auf den Vordersitz, ich positionierte mich auf den Rücksitz und als die kleine Maus ihre Augen öffnete, hätte ich erwartet, dass sie sich erschreckt – immerhin war ich eine Fremde – und, dass sie losheult. Ich konnte mir lebhaft vorstellen, dass es echt schockierend sein kann, wenn man als Baby bei Mama einschläft und man plötzlich in einem fremden Auto erwacht, bei einem Mann den man kaum kennt und bei einer völlig fremden Frau. Meine Kinder hätten in dem Alter eine ganze Stadt zusammen geschrien.

Als Dave los fuhr, wurde das kleine Mädchen wach und blickte mich an. Sofort riss sie beide Augen auf – nicht erschrocken oder hilflos, sondern unglaublich fröhlich, offen und als wenn sie mich erkennen würde. Paulina lachte mich an und griff mit ihren kleinen Händchen nach mir. Sie blickte kurz rüber zu ihrem Vater auf der Fahrerseite, winkte ihm zu und lachte. Wieder blickte sie mich an und ich hielt ihr meine Hände hin, deren Finger sie in ihre Händchen nahm und fest drückte. Ich hatte das Gefühl dieses Kind wusste genau wer ich bin – so etwas habe ich bei einem Baby, das mich zum ersten Mal sieht und im realen Leben gar nicht kennt, noch nie erlebt.

Jede Begegnung, die ich danach mit ihr haben durfte, war magisch und einzigartig schön. Ich schien Paulina so vertraut, wie sie mir. Auch meine Kinder begrüßte sie voller Lachen, als wenn sie schon lange drauf gewartet hätte, uns alle kennen zu lernen. Für uns fühlte es sich an, als wäre sie ein Teil unserer Familie.

Wir durften die Kleine in den folgenden Monaten leider nur sehr selten sehen, die Eifersucht der Mutter stellte sich dazwischen.

Meine komplizierte Beziehung zu Dave, das schlechte Verhältnis zu Ramona und die ganze Situation blieb weiterhin mehr als schwierig. Nicht umsonst habe ich drei Bände darüber geschrieben. Fernab von dieser Realität kam Paulina in den darauffolgenden Wochen trotz allem weiterhin als Energie zu mir und erklärte mir ein paar grundsätzliche Dinge über Babyseelen. Sie beantwortete mir Fragen und lehrte mich Wissen, als wäre sie die Erwachsene und nicht ich.

Als sie ein Jahr alt wurde, hatte ich den Eindruck, dass wir die Verbindung verlieren – oder sagen wir eher: es schien mir, dass sie als *Babyseele* nun in die Phase des „Vergessens" kommt, in die alle Menschen irgendwann nach der Geburt fallen, wenn die Fontanelle sich schließt.

Paulina hat mich durch ihr Auftauchen gelehrt, dass wir immer wieder vergessen müssen, was wir wissen – denn es kann immer passieren, dass es sich verändert oder es etwas Neues gibt.

Bei meiner Recherche damals habe ich nichts über *Babyseelen* finden können. Im *Starpeople-Training* haben wir unseren Seelencode gelesen. Eine meiner Kennzahlen waren die des Lichts – Eon, Teile der Ewigkeit – der Stoff, aus dem das Universum gemacht ist. Bahar hatte uns erklärt, dass es zu diesem Zeitpunkt kaum Informationen über die neuauftretenden Energien gäbe. Für mich war schnell klar, dass diese *Lichtwesen* die Babyseelen sein könnten. Heute würde ich sie Eon-Seelen nennen, aber dann würden alle mein Buch für eine Science-Fiction Lektüre halten.

Babyseelen sind klar, zeitlos, strahlend und stark. Sie haben nichts mit den *Inneren Kindern* zu tun – diese *Seelenteile* verlieren wir ja erst im zunehmenden Heranwachsen als Mensch. *Seelenteile* trennen sich ab und bleiben zurück. Bis auf eines – das besteht immer. Dieses bestimmte Innere Kind ist auch kein Ergebnis eines Traumas, es ist Teil unseres Seins. Diese *Babyseelen* aber, kommen für mich direkt aus dem Licht – wissend, sehend und mit einem immens starken Willen.

Vor Paulina zeigten sich die Babyseelen eng mit der Mutter verbunden und nicht präsent, wenn die Mama nicht in meiner Nähe war. Paulina hat mir gezeigt, dass sie – vielleicht in Sonderfällen – viel mehr können, als das. Die Schwierigkeit der Situation zwischen Vater und Mutter hat sie vielleicht dazu gebracht, diesen Energieaufwand zu betreiben, wissend, dass da ein Medium sitzt, die sie wahrnehmen kann. Paulina betonte die ganze Zeit, dass ich mit Dave zusammen bleiben soll – sie hat nie erwähnt, dass ich Mutter und Vater wieder zusammen bringen oder mich fernhalten soll. Im Gegenteil – Paulina hat immer wieder viel Energie hineingesteckt, dass ich ihm verzeihe, ich bei ihrem Vater und mit ihrem Papa zusammen bleibe. Vielleicht war das ihr wichtigster Wille, ihre Intention – dass ihr Vater glücklich ist. Es ging irgendwie nie um *mein* Glück in der ganzen Sache.

Aber das ist okay. Für einen gewissen Zeitpunkt hat sie mich gebraucht und man kann nicht sagen, ich hätte es nicht versucht.

FÜR *Paulina* <3

*** *Loving* YOUR INNER *child*

HELPS YOU *remember*

YOUR *innocence* AND *recognize*

HOW MUCH

Life loves you

ALSK THE *child* WITHIN

„*What* CAN *I do* FOR YOU *today?*" ♥

LOUISE L. HAY

DEIN INNERES KIND ZU LIEBEN
HILFT DIR, DICH AN DEINE UNSCHULD ZU ERINNERN
UND ZU BEGREIFEN
WIE SEHR DICH DAS LEBEN LIEBT.

FRAGE DEIN KIND IN DIR:
„WAS KANN ICH HEUTE FÜR DICH TUN?"

MIESE*peter*

Im Laufe meiner Beziehung musste ich meinen damaligen Freund auch mit weiteren Energien und Wesen konfrontieren. Darüber war er nicht besonders glücklich, wie man sich denken kann. Eine Babyseele – fröhlich, liebevoll, ungefährlich – hatte er irgendwann akzeptiert und sie ja selbst des Öfteren wahr genommen. Anders war es, als ich ihm erzählte, dass in seiner Wohnung, während wir im Bett lagen und er geschlafen hatte, eine Gestalt herumgewandert und kurz am Bett stehen geblieben war. Das löste nicht nur in ihm ein komisches Gefühl aus.

So einen *Schattengeist* hatte ich, wie man lesen konnte, zuletzt in 2005 mit einigen anderen Müttern in einer Kurklinik gesehen, dieser jetzt war allerdings nicht ganz so furchteinflößend. Ich fragte mich, warum er uns besuchte. Wie so ein Beobachter, der mal kurz nach dem Rechten sehen wollte – ich spürte deutlich, dass ihm etwas nicht passte. Er wirkte streng. Nicht boshaft aber dennoch ungemütlich.

Wer weiß, auf welchem Friedhof dieses Gebäude gebaut wurde, dachte ich.

Der ganze Ort in dem mein Freund wohnte, inklusive des Koboldwegs, der sich durch das gesamte Dorf zog, ist äußerst seltsam – wer dort hinein fährt, dem fallen sofort die ganzen komischen Tonfiguren auf, die an sämtlichen Hauseingängen und Wegen stehen. Keine ansehnlichen hübschen Dinger, sondern unförmige Horrorgestalten und

Wesen ohne oder mit verzerrten Gesichtern. Die sind echt unheimlich! Mitten im Ort, oben am Berg, stehen etwa acht Figuren aus Ton. Die Dinger sind zwei Meter groß, mit dürrer Statur und bunt angemalt. Das Gruseligste daran: Sie haben keine Gesichter. Sieben stehen im Kreis um eine achte und alle blicken in den Himmel, so als wenn sie Zombies wären, die in die Nacht heulen. Wir sind da abends mit dem Hund lang gegangen, als wir das Denkmal das erste Mal entdeckten. Diese gruseligen Gestalten in dämmrigem Licht sahen echt abschreckend aus – die Figuren wirkten auf mich etwas schizophren. Aber bei Kunst streiten sich ja bekanntlich die Gemüter und in diesem Ort fand es wohl der Großteil der Anwohner wunderschön, denn nahezu jeder hatte solche Figuren im Garten oder vor dem Hauseingang. Ich hab vor langer Zeit mal so einen Fantasy-Film geschaut mit Kobolden und einem Dorf, in dem eine normale Familie in ein Haus zieht, alle Dorfbewohner aussehen wie Menschen aber in Wirklichkeit böse Kobolde sind. Ein Kind wird entführt und das Koboldreich entdeckt. Vielleicht ist dieser Ort auch eine Stadt voller Kobolde. Ich wusste also noch nicht, ob ich wegen des Geistes am Bett in Panik verfallen oder neugierig sein sollte. Ignorieren und nicht mehr drüber nachdenken ist ein gutes Mittel für Verdrängung.

Der neue *Schattenmann* war anderer Meinung und erschien noch ein weiteres Mal. Anders als in 2005 habe ich nicht mehr diese Angst und bin auch nicht mehr paralysiert. Ich setzte mich auf, als er da im dunklen Flur der Wohnung meines Freundes auftauchte und blickte ihn mutig an. In meinen Gedanken fauchte ich, was er hier zu suchen hätte und er solle gefälligst aufhören, so wütend auf uns zu sein. Denn erneut spürte ich seine Abneigung gegen uns. Der Schatten starrte zurück. Bruno wurde wach und fiepte ganz leise, hilflos blickte er zu mir, er lag neben meiner Bettseite. Er hatte Angst. Dave schlief selenruhig auf der anderen Seite. *Der tut uns nix, Bruno.*

Als hätte der Rottweiler durch mein Feedback seine Angst verloren, sprang er auf und jagte in den Flur. Als Dave dadurch aufwachte, war der Schatten verschwunden. Immer ein toller Moment, wenn der andere nicht sehen kann, was man selbst gesehen hatte.

„Was hat der Hund?", fragte er verschlafen.

„Den Geist verjagt", lachte ich leise.

„War der Blödmann schon wieder da?", Dave drehte sich auf die andere Seite. „Gut gemacht, Bruno, der hat hier nix zu suchen der fremde Kerl." Er schlief direkt wieder ein.

Ich musste lachen, dass es selbst mein Freund mittlerweile als fast normal hinnahm, dass uns Wesenheiten besuchten.

„Warum denkst du, kommt der komische Schatten da in meine Wohnung?", fragte er mich am nächsten Morgen beim Frühstück.

„Keine Ahnung, vielleicht wurde das Haus auf ´nem Friedhof gebaut? Vielleicht is´ hier drin auch schon jemand gestorben. Wie alt is´ das Haus?", erwiderte ich schulterzuckend.

„Ne, das is´ erst zehn Jahre alt, da is´ doch keiner drin gestorben, das wüsste ich."

„Naja, du wohnst ja erst ein Jahr hier, wer weiß. Vielleicht ist beim Bau jemand umgekommen."

„Ach, jetzt hör auf", lachte Dave. „Kannst du nicht irgend´nen Schutzkreis ziehen und ihn ins Licht schicken oder so, damit der uns in Ruhe lässt? Wenn du nicht da bist, hab ich nachts auch schon immer Schiss, dass der kommt und jedes Mal, wenn Bruno in der Nacht wach wird, werd´ ich das auch und schlaf mit Licht weiter, weil ich Schiss hab." Ich konnte mir ein Lachen nicht verkneifen.

Doch ich kam seiner Bitte nach und zog einen Schutzkreis, schickte den Mann in einer meiner nächsten Meditationen gedanklich ins Licht und in den folgenden Nächten kam der Schattenmann nicht wieder. Das Thema war fast vergessen, bis mich nach einiger Zeit ein aufgeregter Dave anrief.

„Du wirst es nicht glauben, was ich gerade erfahren habe. Du wirst mir echt immer unheimlicher."

Bei seiner darauffolgenden Erzählung wurde selbst mir etwas mulmig. Das Mietshaus, in dem mein Freund wohnte, hatte neun Mietparteien, er wohnte in der ersten Etage rechts. Eine von drei Wohnungen auf einem Stockwerk. Dave hatte den Mieter der mittleren Wohnung im dritten Stock getroffen.

„Und da erzählt der mir, dass bei uns im Haus ein alter Mann gestorben ist. Vor Wochen. Hast du gehört? *Vor Wochen!*" Ich verstand erst nicht so recht, was an einem verstorbenen Mann so unheimlich war und schwieg.

„Keiner hat das bemerkt, weil der Mann wohl keine Freunde hatte und keinen Kontakt mit seinen Kindern, die haben sich mit dem zerstritten. Das hatte der alte Mann irgendeinem der Nachbarn vor einer Weile erzählt. Der Alte muss wohl auch ein ungemütlicher Kerl gewesen sein, der sich über jedes kleine Geräusch im Haus beschwerte. Jedenfalls hat der Jörg, so heißt der Mieter, den alten Mann eine ganze Weile nicht gesehen. Aber in den letzten Tagen hatte der so ein komisches Gefühl und hat sich beim Rauchen auf dem Balkon mal etwas mehr über das Geländer gelehnt, um in die Wohnung von dem alten Mann zu kucken. Und da sieht der den da liegen. Auf dem Sofa. Natürlich tot. Hat sofort die Polizei gerufen. Die haben ihm dann gesagt, der alte Mann sei schon eine Weile tot und niemand hatte ihn gefunden, da ihn kein Mensch vermisst hatte."

Eine traurige Geschichte. Ich war etwas ergriffen, weil mir der alte Mann sehr leid tat. Alleine gelebt, alleine gestorben, weil er vielleicht ein totaler Miesepeter gewesen war. In diesem Moment wusste ich auch, warum er vor unserem Bett gestanden hatte. Wie eine Motte ist er zum Licht geflogen. Zu mir, die einzige die ihn hatte sehen können. Außer Bruno vielleicht, aber der konnte ihm ja schlecht helfen. Die Laune des *Schattenmannes* erklärte sich mir ebenfalls.

Ein Miesepeter bleibt eben ein Miesepeter, ob im Leben oder nach dem Tod. Vielleicht wollte er einfach nur *nach Hause* gebracht werden, dass ihn jemand findet. Und wer weiß, vielleicht haben mein Schutzkreis und das *Ins-Licht-schicken* dafür gesorgt, dass der Nachbar die Intuition hatte, über den Balkon zu schauen.

Ich hoffe, der Mann konnte seinen Frieden finden.

FÜR DEN EINSAMEN *Miesepeter* <3

Never LOOSE

THE *Kid*

IN YOUR *Heart* ♥

UNKNOWN

VERLIERE NIEMALS

DAS KIND

IN DEINEM HERZEN.

SchelMISCH

In den letzten Wochen des Sommers 2017 hatte ich viel mehr Kontakt zu „realen" Babys und Kleinkindern, als zu Babyseelen. Es war still geworden und ich vermisste es, aber da ich zu der Zeit aufgrund meiner verkorksten Beziehung kaum Yoga machte, wenig meditierte und mich ziemlich ungesund ernährte, war meine Verbindung *nach oben* eben nicht so, wie sie hätte sein können.

Manchmal gelangte ich in Situationen, in denen ich mich fragte, ob ich die Fähigkeit überhaupt noch hatte. So wie bei meiner schwangeren Freundin Tatjana. Wir hatten uns ein paar Mal getroffen, nun feierte sie *Halbzeit*, doch ich hatte irgendwie keine Babyseele spüren können. Ich beruhigte mich damit, dass bei Tatjana sicherlich alles in Ordnung sei, die Seele nichts zu sagen hatte oder eben ein „ganz normales Erdenkind" werden würde.

Da hatte ich die Rechnung dann doch ohne das kleine Seelchen gemacht. Als Tatjana mich ein weiteres Mal besuchte, hatte ich dann doch das Gefühl, etwas wahr zu nehmen. Es war so schön, den Kugelbauch meiner Freundin zu sehen. Ich fragte Tatjana, ob sie schon wüsste, was es werden würde – ich spürte, dass es ein Mädchen ist, sagte aber nichts. Tatjana erzählte, dass der Arzt sicher wäre, es würde ein Junge werden, dass sie selbst jedoch das Gefühl hätte, es würde sich wie ein Mädchen anfühlen.

„Ach was, egal, Hauptsache gesund!", lachte sie.

Selbstverständlich sagen wir das alle und so meinen wir das auch, dennoch ist die Neugier zu wissen, was es wird, dann doch ganz aufregend und unglaublich spannend.

Kaum hatte Tatjana später das Haus verlassen, da tanzte ein kleiner Schelm um mich herum. Ich wunderte mich, warum er überhaupt da war. Ich spürte zwar einen Jungen, aber ich war mir sicher, dass etwas nicht stimmte.

„Sag mal, du veräppelst mich doch?", sagte ich laut in den Raum hinein. Ich konnte das Lachen spüren und als wenn sich der kleine Junge einfach mal entkostümierte, entpuppte es sich dann doch als Mädchen. Immer wieder erstaunt mich wieviel Humor diese kleinen Seelchen haben. Mehr teilte mir der Schelm gar nicht mit, aber sie schien glücklich und würde ein fröhliches Kind werden, da war ich mir sicher. Ich war dankbar, dass mir diese Erfahrung zeigte, dass meine Fähigkeiten doch nicht gänzlich verloren waren.

Am nächsten Morgen erzählte ich gerade meiner Kollegin von meiner äußerst seltsamen Babyseelen-begegnung und, dass das Mädchen mich erst hatte hochnehmen wollten und es sich als Junge ausgegeben hatte. „Selbst den Arzt hat das kleine Mäuschen getäuscht", lachte ich. Kaum hatte ich ihr die Geschichte erzählt, meldete sich mein Handy und Tatjana schrieb mir eine WhatsApp:

Kate, der Arzt hat sich geirrt, es wird ein Mädchen!

Wie süß, und ein Schelm noch dazu!

FÜR *Schelmine* <3

136

You ARE *not*

YOUR *roots*.

you ARE A *flower*

GROWN *from* THEM. ✽

PAVANA

DU BIST NICHT DEINE WURZELN.

DU BIST EINE BLUME

DIE DARAUS GEWACHSEN IST.

CHILD *of Joy*

Meine Freundin Joy saß neben mir auf ihrer Couch, ein Glas Sekt in der Hand und wir sprachen über unsere Arbeit. Sie war Coach in der Firma, in der wir damals arbeiteten, ich die Personalerin. Eigentlich war ich neben freundschaftlichen privaten Gründen auch wegen eines Coachings bei ihr zu Besuch. Sie wollte mir helfen, meine Ziele neu zu definieren.

Während unseres rein privaten Plauschs spürte ich plötzlich, dass sich die Energie veränderte. Etwas war mit uns im Raum, etwas Kindliches. Ich versuchte mir nichts anmerken zu lassen, doch Joy kannte mich zu gut.

„Was ist los, Kate?", sie zog belustigt die Augenbrauen hoch. „Wieder ein Geist unterwegs?"

„Eher eine Kinderseele", antwortete ich und legte den Kopf schief, um sie vielleicht besser verstehen zu können. Joys Blick hingegen wurde skeptisch.

„Eine Kinderseele? Nicht eine Babyseele? Oder meinst du die Seele eines verstorbenen Kindes? Gruselig – in meiner Wohnung?", meine Freundin war sichtlich aufgeregt, aber mit einer gesunden Spur von Humor. Das mochte ich sehr an ihr.

„Nein", lachte ich und gab ihr freundschaftlich einen Klaps auf den Oberschenkel. „Sie ist quicklebendig, etwa zwei bis maximal drei Jahre alt. Ich tippe mal auf dein Inneres Kind", mittlerweile war ich bei so etwas ziemlich sicher. Die kleine Joy schien ihrer großen, erwachsenen Version etwas mitteilen zu wollen, doch ich konnte sie nicht hören. Leider war ein dunkler Schatten über das

Gesicht meiner Freundin gehuscht, als ich das Alter erwähnte und ich wusste, dass in dieser Zeit etwas nicht so schönes passiert sein musste.

Joy erzählte mir auch direkt, dass ihre Kindheit kein Zuckerschlecken war. Ihre viel zu junge Mutter war nicht fähig gewesen, sich um sie zu kümmern.

„Meine Mutter war neunzehn, als sie mich bekommen hat. Ich war eine schwere Geburt und eins war klar: sie wollte mich nicht. Ich war ein Unfall. Meine Mutter hat meinen Vater in einem Sportlager kennen gelernt. Sie hatten ein gemeinsames Hobby, das ‚Sportrudern'. Mein Vater hat sich sofort in sie verliebt, aber meine Mutter hat nur mit ihm gespielt. Sie war sehr hübsch und das wusste sie auch. Und dann ist es direkt passiert – ihr erster Sex und sie wurde schwanger. Du kannst dir vorstellen was los war, als das raus kam. Die Brüder meiner Mutter bewachten sie ständig, sie durfte selten alleine ausgehen, geschweige denn sich mal mit einem Mann treffen. Und dann passierte sowas. Die Brüder legten meinem Vater *freundlich ans Herz* sie zu heiraten", Joy machte eine Faust und lachte, um den Sarkasmus der freundlichen Heiratsbitte ihrer Onkels zu untermalen. Ich ließ sie weiter erzählen. „Ich glaube, keiner der beiden wollte wirklich heiraten. Ich mein, die waren doch noch so jung und dann gleich Eltern werden? Meine Mutter wollte erstmal das wilde Leben genießen und das ging nun nicht mehr. Sie war jung, schön und voller Temperament. Sie wollte feiern und die Männer wahnsinnig machen, dabei war ich ihr wie ein Klotz am Bein. Das machte sie oft wütend...", Joy leerte ihr Glas mit einem Zug und goss uns nach. Ich fühlte, dass es meiner Freundin sehr ans Herz ging, mir diese Geschichte zu erzählen.

„Sie hat ihre Wut dann auch an mir ausgelassen. Ich kann mich noch ganz genau erinnern, dass ich viel geweint habe. Oft hat sie mich sogar über Nacht alleine gelassen und ich weiß noch... ich habe Ängste ausgestanden. Sie trank total viel Alkohol, hatte keine richtige Ausbildung und dann die ganzen Männer, die ihr am Rockzipfel hingen. Fürchterlich. Meine Eltern haben sich ja ziemlich schnell nach der Hochzeit wieder scheiden lassen. Irgendwie hat meine Mutter ihr Leben überhaupt nicht in den Griff bekommen, sie war nicht mal fähig einer Arbeit nachzugehen und so dauerte es nicht lange, bis ich mit drei Jahren im Heim landete."

Während Joy mir das erzählte, spürte ich, dass das kleine Mädchen zustimmend nickte. Es schien, als wenn sie ihre große Version trösten wollte. Dann nahm ich wahr, dass die Kleine ständig auf das Regal hinter uns und dem Sofa zeigte. Die Energie des kleinen Mädchens deutete unmissverständlich dorthin.

„Gibt es in diesem Regal etwas, dass du von der damaligen Zeit hast oder auf das das Innere Kind gerade hinweisen könnte?", fragte ich sie direkt. Joys Blick verwandelte sich in pures Staunen.

„Woher weißt du sowas? Ich mein, da ist nichts was ich...", ich folgte ihrem überraschten Blick, während sie aufsprang und ein Album aus der Bücherschar zog, welches einen hellbraunen Bezug aus Leder hatte. Es erinnerte mich an die alten Bilderalben meiner Mutter aus den 70er/80er Jahren, die allerdings mit Strickstoff in rot oder grün überzogen waren.

„Schau, hier in der Mitte auf dem Einband ist ein Bild von der Krämerbrücke in Erfurt", Joy wirkte richtig aufgeregt, als sie im Album blätterte und mir Fotos ihrer Kindheit zeigte, welche auf ein paar wenigen Schwarzweißbildern abgebildet war. Dann spürte ich plötzlich einen Schubs und schon sah ich ein Bild von einem kleinen Mädchen mit einem Kurzhaarschnitt, die an einem kleinen Tisch saß und ein Spielzeugtelefon ans Ohr hielt. So eine Art Telefon mit Drehscheibe, die wie wir früher in knalligem 70erJahre-Grün und -Orange zuhause hatten.

„Sieh mal, da war ich etwa dreieinhalb", Joy strich liebevoll über die Fotografie.

Das innere Kind wurde sehr unruhig und ich spürte Freude, es deutete so vehement auf dieses Bild, dass ich Joy bat es herauszunehmen.

Die Geschichte, die meine Freundin daraufhin erzählte berührte mich zutiefst. Ein kleines verlassenes Mädchen, abgesetzt in einem Kinderheim. Doch es wurde mystischer als erwartet.

„Weißt du, die Heimleiterin hatte mich damals gefragt, wen ich denn anrufen würde, doch man konnte nicht verstehen wen ich meine. Sie fragten, ob ich meine Mutter anrufen würde oder erwähnten andere Namen, doch immer wieder verneinte ich. Dann nahm ich voller Überzeugung wie eine Große den Hörer ab, wählte eine Nummer auf diesem Spielzeugtelefon und als wäre auf der anderen Seite jemand dran gegangen, muss ich mit diesem Jemand völlig überzeugt und ernsthaft telefoniert haben. Die Leiterin hörte mich mehrfach meinen eigenen Namen sagen – man ging davon aus, dass ich mit mir selbst sprach. Ich schüttete dem anderen Ende mein Herz aus, ich fühlte mich so alleine und fragte mehrmals *Kommst du mich bald holen? Die and´ren Kinder werden immer abgeholt, nur ich nicht. Magst du mich nicht mehr?*"

Ich hatte Tränen in den Augen vor Rührung, denn als unsere Blicke sich trafen, wurde uns beiden sofort klar, mit *wem* die kleine Joy damals telefoniert hatte – mit der großen Joy, durch mich hindurch – ich diente als Kanal. Und dann rasselte es aus mir heraus, als wenn mir Klein-Joy etwas diktieren würde – eine Nachricht an die Große-Joy. Eine Botschaft von Liebe und Glück, von *Du bist nicht alleine* und von *Alles wird gut*.

Dieser Augenblick zwischen der erwachsenen Frau und ihrem inneren kleinen Kind war so magisch, als wenn es in Zeitlupe ablaufen würde. Ich war voll dabei und doch wie ferngesteuert. Dieses kleine dreieinhalbjährige Kind tröstete gerade ihre große Version und nahm ihr einen Schmerz, der lange in meiner Freundin geglüht hatte.

Ein Last von ungeliebt-sein, tiefer Traurigkeit und das Gefühl von *„Ich bin ein schlimmes Kind, deswegen musste ich ins Heim".*

„Vergebung ist eine so starke Waffe". Das kleine Mädchen erklärte der Großen, dass es nicht im Schmerz verharren soll, dass ihre Mutter sie weggegeben hatte, sondern in der Freude darüber, welche Liebe sie im Kinderheim erfahren durfte, eben *weil* die Mutter sich ihre Schwäche eingestanden und das Beste für ihr Kind gewollt hatte. Das zu verstehen ist nicht einfach, aber es ist ein Anfang es zu versuchen.

„Steck das Bild nicht wieder in das Album zurück. Stell es in einem schönen Rahmen sichtbar ins Regal, damit es dich immer daran erinnert, dass nicht *du* dein inneres Kind heilen musst, sondern *dich* dein inneres Kind heilen kann und du immer an seine Worte denkst."

Und das rate ich mittlerweile jedem: Nicht *du* musst dein inneres Kind heilen, sondern lass DU *dich* von ihm heilen. So kommt ihr beide schneller auf den Weg von

Joy!

JOY HEISST ÜBERSETZT FREUDE

Einige Jahre später, heute, als ich diese Geschichte ins Buch einfüge, hat mir Joy verraten: „Das mit dem Verzeihen hat mich ruhiger, entspannter und freier gemacht." Es war so wichtig, dass wir uns dieser Erfahrung geöffnet haben.

Love you *Joy* <3

☆ OFTEN IT'S THE *deepest pain*

WHICH *empowers you* TO GROW

INTO YOUR *highest self* ♥

KAREN SALMANSOHN

OFT IST ES DER TIEFSTE SCHMERZ

DER DICH DAZU BEFÄHIGT

ZU WACHSEN

BIS IN DEIN HÖCHSTES SELBST.

*Sternen*KINDER

Ungeborene Babys kennt man auch unter dem Begriff *Sternenkinder.* Diese sind kurz vor oder nach der Geburt verstorben und haben nicht oder nicht lange das Licht der Welt erblickt.

Manche Eltern, vor allem Frauen, geben diesen Kindern dennoch einen Platz im Leben. Die Mütter haben dieses kleine Wesen einen kurzen oder langen Moment in ihrem Körper entstehen gespürt. Manche Eltern, Väter und Mütter, schweigen dieses Thema allerdings regelrecht tot und reden nicht darüber. Manche verdrängen oder können es nicht, manche wollen oder dürfen es nicht. Doch auch diese Seelen haben einen Platz im Leben verdient. Wenn schon nicht als Mensch, dann als Seele.

Manche *Sternenkinder* entstehen aus der Natur der Dinge – Fehlgeburten, plötzlicher Kindstod. Andere *Sternenkinder* sind die unerwünschten – Abtreibungen. Ich möchte mich in keiner Weise zu diesem Thema äußern, denn mein Fokus liegt auf den *Sternenkindern* selbst. Nicht auf den Umständen.

Bis heute, Ende 2019, war es für mich eigentlich kein Teil des Buchs *Babyseelen.* Doch das ist etwas, was ich durch meine Reise gelernt habe – der Intuition und der Geistigen Welt zu folgen – und so füge ich nun auch einige wenige Geschichten zu *Sternenkindern* in dieses Buch. Vielleicht um bewusst zu machen, wie wichtig es ist, auch ein *Sternenkind* willkommen zu heißen.

„Und was ist mit Geistern?", fragte ich eine Mentorin eines Workshops über Kundalini Yoga vor einigen Jahren.

„Die gibt es bei uns nicht! Geister sind nicht existent", sagte sie schroff, „sie sind Einbildung und Illusion." Damit war für sie das Thema erledigt.

Ich dachte jedoch anders darüber und war frustriert, sagte aber nichts mehr. Lena, eine andere Teilnehmerin, kam nach dem Workshop auf mich zu.

„Du, Kate, kann ich dich was fragen?"

„Klar, schieß los."

„Glaubst du die Mentorin hat Recht?"

„Weißt du, ich kann von anderen alles lesen und mir anhören, aber ich muss nicht alles glauben und für richtig empfinden, was jemand sagt", teilte ich ihr mit. Lena schien erleichtert.

„Gottseidank, denn ich glaube definitiv an Geister und sowas. Kennst du dich damit aus?"

Ich spürte eine Seele an ihrer Seite. Ich tippte auf ein inneres Kind, aber dafür schien mir die Wesenheit fast schon zu alt. Ein Mädchen, etwa achtzehn Jahre.

„Kommt drauf an, was du genau meinst. Ich bin kein Geisterexperte", lachte ich.

„Ich habe lange darüber nachgeforscht, was es sein könnte, aber ich bin nicht drauf gekommen. Weißt du, ich lebe mein Leben immer wie zweigeteilt. Ich bin ich und ich handele wie ich, aber manchmal handele ich eben wie eine andere und doch, bin ich es. Verstehst du was ich meine?" Wir hatten uns mittlerweile einen Platz auf der Wiese im Park gesucht, die Sonne schien und es war warm. Wir packten unsere Salate aus und Lena reichte mir ein Stück Brot. Die 18jährige Seele wich meiner neuen Freundin kein Stück von der Seite. Sie kniete mit uns auf der Decke und hatte eine Hand auf das Bein von Lena gelegt. Die Seele beobachtete mich. Weder bedrohlich noch feindselig. Einfach anwesend.

Ich ließ Lena weiter erzählen. „Weißt du, das klingt wahrscheinlich total irre, aber ich habe das Gefühl ein Geist hat sich an mich an geklinkt." Sofort wurde ich hellhörig und meine Fühler fokussierten die 18jährige Seele. „Das ist total bescheuert, ich habe so viel darüber gelesen – und konnte nicht so viel finden, was mir weiterhelfen könnte, das meiste macht mir höchstens tierische Angst. Aber ich bin mir einfach sicher, dass ich das Leben einer anderen lebe. In meiner Gegenwart spinnt Elektrik, Glühbirnen gehen kaputt, Autos springen nicht an und Navis funktionieren nicht. Das ist echt gespenstisch, ich frage mich dann immer, ob mir da ein Geist etwas mitteilen will oder ob um mich herum einfach zu viel energetische Ladung existiert. Und mittlerweile glaube ich sogar, dass es meine ungeborene Schwester ist", platzte es aus Lena heraus.

„Die heute achtzehn Jahre alt wäre", beendete ich ihren Satz. Meiner Freundin fiel das Brot aus der Hand.

„Ja, woher weißt du das?", fragte sie erstaunt.

„Weil sie an dir dran klebt", antwortete ich ohne Umschweife. Lenas Augen wurden glasig.

„Ja, weißt du auch warum? Weil meine Eltern meine Schwester abgetrieben haben. Ich meine, ich mache ihnen deswegen keine Vorwürfe, denn meine Mutter war sehr krank und das Kind völlig ungeplant. Der Arzt hatte gesagt: *das Kind oder sie*, also hatten meine Eltern nicht lange gefackelt und die Entscheidung für meine Mutter getroffen. Das alles ist nicht das Schlimmste, eher die Tatsache, dass alles totgeschwiegen wurde. Meine Brüder waren mitten in der Pubertät und ich selbst gerade mal achtzehn und wir durften alle nicht drüber reden. Ich hab mir um meine Mutter solche Sorgen gemacht und wir durften nicht drüber sprechen", wiederholte sie diese Tatsache noch einmal vorwurfsvoll. „Ich glaube deshalb hat sich Miriam an mich dran geheftet, weil sie ein Recht auf das Leben haben will!", sprudelte es aus Lena heraus.

„Miriam?", fragte ich, obwohl ich mir die Antwort schon denken konnte.

„Ja, ich hab´ sie Miriam genannt, es war mir danach. Hab´ sie schon länger wahrgenommen, aber wusste halt nicht, wer es genau ist und warum sie da ist."

Lena hatte auch kein Problem damit, *dass* Miriam überhaupt existierte oder dass sie eine Seele begleitete. Doch Miriam hatte sich das Leben ihrer Schwester zu Eigen gemacht und das blockierte Lena in ihrem eigenen Dasein. „Das ist, als wenn ich nur fünfzig Prozent geben und sein könnte. Und ich tue Dinge, die *ich – Lena –* nie tun würde oder gar nicht will. Es ist nicht so, als wenn ich mich gezwungen fühlen würde, aber Miriam entscheidet Dinge eben anders, als ich. Manchmal weiß ich überhaupt nicht, was meine Meinung ist und die von ihr. Weißt du, was ich meine?" Ich nickte.

„Du hältst mich jetzt bestimmt für geistesgestört", Lena verzog den Mundwinkel. Ich konnte sie fühlen, denn so war es mir in den ersten Jahren mit den Babyseelen und Inneren Kindern gegangen, wenn ich anderen davon erzählt hatte.

„Nein, ganz im Gegenteil. Vielleicht kann ich dir helfen."

In einer Meditationssession nahmen wir Miriam in Lenas Familie mit auf. Ich leitete Lena an, ihrer Schwester einen Platz in ihrer Familie zu geben und sie *nach Hause* zu bringen. Lena sah in der Session, wie Miriam als Baby in ihren Armen lag, mitten in einem Kreis von Ahnen ihrer Familie und anderen *Teilnehmern* der Geistigen Welt. Lena sollte sich vorstellen, wie sie das kleine Baby Miriam an einen ihrer Ahnen übergab und wie die ganze Familie das kleine Seelchen willkommen heißen würde.

Danach fühlte sich Lena sehr müde, aber freier.

Einige Monate später berichtete sie mir, dass sie endlich das Gefühl hatte *sich selbst* zu leben. Sie müsste völlig neu herausfinden, was sie mochte und was nicht. Es gäbe Dinge, die sie immer geliebt hatte, die sie plötzlich hasste.

„Ich fand Oliven immer ekelhaft, doch jetzt schmecken die mir so köstlich. Mein Klamottenstil hat sich derart geändert, dass mich sogar Freunde drauf ansprechen. Es ist irre, wie sehr einen eine Seele beeinflussen kann, die sich einen Platz im Leben erkämpfen muss und dadurch ein anderes Leben anzapft und stört. Ich lebe endlich mit einhundert Prozent, statt auf Sparflamme."

Diese Geschichte zeigte mir, dass es wichtig ist, jeder Seele einen Platz in der Familie zu geben indem wir sie annehmen. Ob als Elternteil oder Geschwisterkind. Denn sonst, vielleicht, suchen sie sich eine völlig destruktive Art aus, um *zu leben*.

Überlegt mal, dass es doch möglich ist, dass Miriam das gar nicht böswillig getan hat. Sie *wusste* es vielleicht nicht anders. Für diese Seele war es *normal* so zu leben. Sie sollte geboren werden, durfte es aber nicht – hat das vielleicht wirklich nicht mitbekommen und sich an die nächstbeste Aura einer Verwandten geheftet. In all meiner Erfahrung mit Babyseelen könnte so etwas doch sein, oder nicht? Achtzehn Jahre lang hat das doch auch funktioniert – sie war ein Teil der Familie. Für Lena war das destruktiv, denn sie hat achtzehn Jahre lang ihr eigenes Leben nie alleine für sich leben dürfen. Sondern immer im Schatten oder im Fahrtwind einer anderen Seele.

Ein Sternenkind gehört in die Sterne.

FOR *Miriam* <3

☆ *Children* WILL LISTEN

TO *you* AFTER THEY,

FEEL *listened* TO. ♥

JANE NELSEN

KINDER WERDEN ZUHÖREN

WENN SIE FÜHLEN

DASS MAN IHNEN ZUGEHÖRT HAT.

*Ahnen*REIHE

Für diejenigen, die noch nichts von (Systemischen) *Familienaufstellungen* gehört haben, mal eine kurze Erklärung mit meinen Worten.

Diese Aufstellung wird zum Beispiel durch eine/n ausgebildete/n Therapeuten/in durchgeführt. (Fremde) Personen werden stellvertretend für die Mitglieder des eigenen Familien- oder Beziehungssystems eines Klienten *aufgestellt* (im Raum positioniert), um Muster innerhalb des Systems zu erkennen und vielleicht sogar verändern oder auflösen zu können. Die sogenannten Stellvertreter der jeweiligen Familien- oder Beziehungsmitglieder versetzen sich in die Rolle der Person, die sie darstellen. Das ist pure Energie und ein bisschen Quantenphysik, nicht nur Einbildung. Ich habe Menschen erlebt, die andere Menschen darstellten, die sie weder kannten noch je was von ihnen gehört hatten.

Richard, der sich vor vielen Jahren in die Rolle meines Exmanns versetzen sollte, hatte ich in meinem Leben vorher noch nie gesehen, er mich auch nicht. Dieser mir völlig fremde Mann spielte meinen Exmann, von dem ich außer seinem Namen nichts genannt hatte, und das erste was Richard tat war, sich genauso hinzustellen und zu reden, wie es mein Exmann immer getan hatte. Das war echt strange. Für mich persönlich waren es jedes Mal sehr interessante Erfahrungen und ich konnte im Nachhinein auch tatsächlich Veränderungen in der *Realität* feststellen oder zumindest war es mir möglich meine aufgestellte Problematik oder die Personen besser zu verstehen.

Vor einigen Jahren nahm ich erneut an einer Familienaufstellung teil, in der es der Klientin darum ging, den Zusammenhang der Probleme in ihrer eigenen verkorksten Familie zu erkennen. Ich kannte niemanden im Raum, ich war das erste Mal Teilnehmerin bei Anja, der Therapeutin, und ihrer sonntäglichen Aufstellungsrunde.

Die Klientin Sarah erzählte nur kurz, dass sie in ihrer Familie nicht akzeptiert wird, sich von allen ungeliebt fühle und sie herausfinden möchte, was das Problem sein könnte. Mehr ließ Anja Sarah nicht erzählen, um niemanden zu beeinflussen, damit wir möglichst neutral an die Sache herangingen. Die Therapeutin wählte zwei Personen von uns aus, die für Mutter und Vater stehen sollten, und fragte Sarah, ob sie noch Geschwister hätte.

„Ja, zwei Brüder", und so nahm Anja zwei weitere Teilnehmer als die beiden Brüder und wählte mich als Stellvertreterin für Sarah selbst. Wir sollten uns zuerst selbständig im Raum positionieren, wie wir es fühlten.

Ich spürte sofort die Abneigung der anderen vier Mitglieder. Nicht falsch verstehen – es war nicht die Abneigung der Teilnehmer gegen mich, Kate, sondern ich wurde als Sarah wahrgenommen und die Teilnehmer agierten als Eltern und Brüder. Klingt komisch, ist aber so.

Bei meiner weiteren Erzählung werde ich auch so schreiben, als wären wir alle die Familie selbst.

Ich, Sarah, versuchte zu meiner Sippschaft zu treten. Bisher hatte ich am Rand des Raumes gestanden, weit weg von meiner Familie. Die Mutter hatte sich neben den Vater gesetzt, der in sich zusammen gesunken dort am Boden hockte, sie hatte ihren Fokus voll auf ihren Mann gerichtet. Die Brüder standen hilflos vor dem Elternpaar. Sofort, als ich mich, auf Anweisung der Therapeutin, auf die Gruppe zubewegte, gingen die Brüder auf Abwehrhaltung – verschränkten die Arme und stellten sich so breit davor, dass ich kaum an meine Eltern herantreten konnte. Ich fühlte mich ausgestoßen und ungeliebt.

Die Emotionen sind das Einzige, was wir in solch einer Rolle ausdrücken durften. Andere Dinge erzählten wir nur, wenn die Therapeutin gezielte Fragen stellte. Anja fragte nun die Mutter, ob sie es nicht schmerzte, dass Sarah nicht näher käme. Die Mutter klammerte sich an den Vater und man hörte heraus, dass sie sich um nichts scherte, außer um den Vater. Sarah war für sie nicht existent, die Brüder nur Beschützer, sie nahm auch sie nicht als Söhne wahr. Der Vater, so hörten wir dann von der *richtigen* Sarah auf Erkundigung der Therapeuten hin, war schwer krank und dement.

Anja versuchte die Situation nun aufzulösen, den Status Quo zu ändern. Sie stellte die Personen der Eltern in die Mitte des Raumes und begann wortlos uns Kinder in einem Kreis mit dem Elternpaar zu stellen. Jens und Ulf, die beiden Brüder, platzierten sich aus dem Gefühl heraus rechts und links von den Eltern. Sarah (ich) stand erneut wie verloren und nicht abgeholt. Sie war wie die kleine ungeliebte Schwester und so fühlte ich mich auch.

„Da stimmt was nicht", sagte Anja plötzlich. Sie hatte mich am Arm gefasst und blickte sich zur *richtigen* Sarah um. „Wer ist der oder die Älteste von euch Kindern?"

„Ich", antwortete Sarah mit einem erstickten Laut, man sah, dass ihr das alles sehr nahe ging. Ich konnte sie fühlen, ihre Emotionen waren meine.

„Wusste ich es doch", schimpfte Anja. Sie zog Jens von der linken Seite der Eltern weg und stellte ihn zwischen Sarah und Ulf. Außerdem vergrößerte sie den Abstand im Kreis.

„Du bist die Älteste und hast in dieser Familie nichts zu sagen? Du hast nicht den Respekt den du verdienst! Warum ist das so?", fragte Anja weniger die Person Sarah, als sich selbst. Die Therapeutin faszinierte mich, denn sie hatte eine großartige Intuition und schien mehr hinter den Dingen zu sehen, als man von außen wissen könnte.

„Wie viele Kinder seid ihr?", fragte Anja skeptisch.

„Drei", antwortete Sarah mit runzelnder Stirn.

„Wie viele Kinder wärt ihr, wenn keins gestorben wäre?",
irgendeiner der Teilnehmer zog scharf die Luft ein.

„Ich weiß nicht, wie ich das erklären soll", Sarah begann
zu weinen. Es schien ihr unangenehm die geheimen
Dinge ihrer Familie zu offenbaren. Anja handelte schnell.

„Okay, lass mich versuchen nachzustellen und du
korrigierst mich, wenn ich falsch liege, okay?" Sarah
nickte.

Anja stellte noch eine Person zwischen Ulf, den
Jüngsten, und die Mutter. Dann stellte sie noch eine
weitere Person zwischen mich und den Vater. Sofort fühlte
es sich wärmer an für mich. Und prompt schaute der Vater,
der die ganze Zeit teilnahmslos zu Boden geblickt hatte,
auf und sein Blick erhellte sich. Er blickte mir direkt in die
Augen. Ich spürte eine enge Verbindung zu diesem Mann
und auch, dass Sarah ihn sehr liebte. So wie die Mutter
Sarah ablehnte, schien ich (Sarah) auch von meiner Seite
her mit der Mutter nicht sonderlich verbunden zu sein.

„Da fehlt noch einer", rief ich viel zu laut. Diese
Information und das Gefühl kamen direkt aus mir raus
ohne, dass ich Zeit zum Überlegen gehabt hätte. Der
ganze Raum schien wie elektrisiert. Mein kurzer Blick zu
Sarah verriet mir, dass sie total erschrocken war. Wir
waren jetzt nicht mehr drei, sondern sechs Kinder. Das
letzte Kind, das zwischen mich und den Ältesten gestellt
wurde, war mein Zwillingsbruder – ich spürte es so stark –
und der Teilnehmer, der den Bruder neben mir spielte,
empfand es ebenso. Wir schlangen intuitiv unsere Arme
um die Taille des anderen, standen im Gegensatz zu allen
anderen, sehr eng beieinander. Wie ein Paar, das
zusammen gehörte.

Um es abzukürzen, erzähle ich die Geschichte von
Sarah, die wir später erfahren haben, um zu erklären, was
das zu bedeuten hatte.

Sarahs Mutter war sehr früh schwanger geworden und
hatte ihr erstes Kind durch eine Fehlgeburt verloren. Ein
Jahr später wurde die Mutter wieder schwanger, dieses

Mal mit Sarah. Weitere drei Jahre später folgte Jens und kurz drauf Ulf. Sarah erklärte dann traurig, dass ihre Mutter später noch einmal schwanger geworden wäre, doch der Vater hatte sie dazu gebracht es abtreiben zu lassen. Die Familie hatte nie über diese Vorfälle geredet. Von der Fehlgeburt ihrer Mutter wusste Sarah nur durch eine Tante. Ich war fasziniert, dass Anja all das gespürt hatte. Plötzlich irritierte mich die Geschichte von Sarah.

„Aber das erklärt nicht meinen Bruder hier an meiner Seite", stellte ich fest. Sarah hatte gerade nur fünf Kinder aufgezählt.

„Ich kann das gar nicht erklären, denn ich weiß nicht warum er da ist. Aber ich habe schon von klein auf das Gefühl, dass ich nicht alleine bin. Man hat mich ausgelacht, weil ich immer von einem imaginären Freund erzählte. Ich dachte immer es wäre mein Schutzengel, könnte es mein Bruder sein? Aber wie ist das möglich."

Anja erklärte uns, dass es Vorfälle gibt, bei denen ein Fötus von Zwillingen unentdeckt im Laufe der Schwangerschaft abstirbt.

„Zu den damaligen Zeiten, bei Sarah waren es ja die 70er Jahre, gab es die Möglichkeiten der Untersuchung durch Ultraschall noch nicht so, wie heute", erklärte die Therapeutin. Im weiteren Verlauf der Aufstellungsrunde erläuterte Anja aufschlussreich, welche Gründe es für die Familienproblematik geben könnte.

„Du fühlst dich nicht wie die Älteste, Sarah, weil du es nicht bist. Deshalb erhältst du nicht die Aufmerksamkeit und den Respekt deiner anderen Brüder. Da ist das wie ein Rudelkampf. Zum anderen könnte auch sein, dass deine lebenden Brüder spüren, dass du nicht alleine unterwegs bist, das macht ihnen vielleicht Angst.

Eine Lösung könnte sein, dass dein ältester ungeborener Bruder dir das Zepter abgibt, denn anscheinend will er das nicht – vielleicht weil man ihm in der Familie keinen Platz gegeben hat. Als nächstes könntest du, Sarah, den Zwillingsbruder von dir abtrennen, so grausam sich das vielleicht anhört, aber er raubt dir nicht nur Energie, er gehört hier nicht hin. Er gehört nicht in die Welt der Lebenden und er muss akzeptieren, dich loszulassen. Und was das letzte Kind angeht. Liebe Sarah, du musst sie alle – vor allem auch dieses letzte, unerwünschte Kind – in deiner Familie aufnehmen und willkommen heißen. Es ist deine Aufgabe nun die Ahnenreihe zu vervollständigen, diese Familie hat sechs Kinder und nicht nur drei. Das müssen die anderen deiner Familie nicht wissen oder begreifen oder es glauben, du musst es ihnen nicht einmal sagen. Es reicht, wenn du dafür sorgst, dass deine Geschwister einen Platz in dieser Ahnenreihe haben, denn es steht ihnen zu."

Anja nahm Sarah nun als sich selbst, ich wurde aus der Rolle entlassen, die Therapeutin stellte sie gegenüber von ihren Brüdern Ulf und Jens und dem ungeborenen *Erstgeborenen*.

„Fordere deine Macht zurück, Sarah. Sag deinen kleinen Brüdern, dass du die Älteste bist und sag deinem großen Bruder danke dafür, dass er dich beschützen wollte, aber dass es deine Aufgabe ist, die Älteste zu sein. Fordere deinen Respekt deiner Brüder ein."

Mit zitternder Stimme setzte Sarah die Anweisungen der Therapeutin um und war sichtlich bemüht, nicht die Fassung zu verlieren. Die Haltung der Brüder, die bisher sehr kämpferisch mit verschränkten Armen ihr gegenüber gestanden hatten, lockerte sich und sie wirkten nicht mehr so verhärtet. Wir konnten an diesem Tag nicht alles auflösen, es war sehr tiefgreifend und Anja hatte wahrscheinlich nur an der Oberfläche gekratzt, aber es war ein Anfang. Leider kannte ich Sarah nicht näher und sah sie auch nicht wieder, so kann ich leider nicht über das Ergebnis berichten.

Die für mich wichtige Erkenntnis aus dem Erlebten ist, dass jedes Kind ein energetisches Muster in unserer Familie, in unserer Ahnenreihe zu hinterlassen scheint. Ob es nun geboren wurde oder nicht.

Wie perfekt die *geistige Welt* arbeitet wurde mir direkt nach dem Schreiben dieser Geschichte klar. Ich erhielt soeben die Antwort, warum auch dieses Thema in *Babyseelen* gehört.

Im Rahmen meiner Arbeit als Spirit Coach habe ich einer Klientin heute ein Trance-Healing gegeben. Das einzige was ich von ihr wusste, war ihr Vorname – Carmen. Ich kannte weder den Grund, warum sie das Healing anfragte noch ihre Geschichte oder Lebensumstände. Als ich mit dem Healing begann spürte ich sofort, dass etwas den Vorgang blockierte. Dass *etwas* verhindern wollte, dass ich diese Verbindung zwischen mir, der Klientin und der geistigen Welt herstelle. Doch ich blieb neutral und ließ die Experten arbeiten – mein geistiges Team. *Die kümmern sich schon drum.* Ich ließ jeden Widerstand los und die Blockade löste sich auf oder wurde fachmännisch energetisch überbrückt.

Das Thema des Healings waren *Loslassen* und *Fallenlassen*, der Nackenbereich war immens blockiert und dadurch auch die Verbindung der Gehirnströme. Außerdem nahm ich wahr, dass die Klientin immer wieder Dinge zu erarbeiten versuchte, kurz vor Abschluss aufgehalten wurde und dann den Rückwärtsgang einlegte. Etwas schien sie in ihrem Leben und ihrer Heilung immer und immer wieder zu blockieren und zurück zu werfen.

Im nachfolgenden Gespräch erfuhr ich, dass sie seit vielen Jahren schwere Kopf- und Nackenschmerzen begleiten, ihre ganze Lebensqualität wäre total eingeschränkt. Auch die Rückschläge bestätigte sie mir: „Ich habe immer das Gefühl, dass ich kurz vor dem Ziel bin und dann werde ich sehr krank und habe den Eindruck, dass ich zurück geworfen werde. Kann das vielleicht meine verstorbene Zwillingsschwester sein?"

Bingo – mir wurde heiß und kalt, eine Gänsehaut überzog meinen ganzen Körper. Mir war, als hätte ich ein Déjà-vu. Hatte ich nicht kurz zuvor die Geschichten über

Sternenkinder in *Babyseelen* eingefügt und war gerade fertig geworden? Faszination pur. Die geistige Welt braucht sich mir gar nicht zu beweisen, dennoch bin ich immer wieder glücklich und dankbar für solche Erlebnisse. Wahnsinn wie umfassend mein geistiges Team und das Universum mit mir zusammen arbeiten.

Carmen hatte diese massiven Probleme, seit sie auf der Welt war. Die ersten vier Jahre weinte sie mehr als andere Kinder und schlief kaum eine Nacht durch. Ein großes Gefühl des *Verlassen seins* begleitete das Kind bis ins Erwachsenenalter. Carmen ergründete diese Blockade schon von klein auf seit über 35 Jahren, doch kam nie auch nur annähernd an die Ursache. Auch sie erzählte mir von verrücktspielender Elektrik, nicht funktionierenden Navis und kaputten Glühbirnen. Und, dass sie das Gefühl hatte, nicht ihr eigenes Leben zu einhundert Prozent leben zu dürfen. Diese Empfindung hatte sie schon, lange bevor sie überhaupt von der verstorbenen Zwillingsschwester wusste. Ihre Eltern hatten ihr immer verschwiegen, dass diese Schwester überhaupt Teil der Familiengeschichte war. Carmen hatte nur durch *Zufall* beim Besuch eines Kinderarztes mit ihrer kleinen Tochter eine *spirituelle* Begegnung mit einer Frau, die ihr erzählte, Carmen hätte eine Zwillingsschwester, die sich an sie angeheftet hätte. Carmen stufte diese Aussage erst einmal als völlig absurd ein. Erst eine Session mit einer Heilerin, die einen Jenseitskontakt herstellte, der ihr die Worte *loslassen* nannte und von der Zwillingsschwester erzählte, brachten ihr Klarheit. Die Klientin konfrontierte ihre Eltern damit und die Familie wurde in eine Trauer gestoßen, die über 35 Jahre lang verdrängt und verheimlicht wurde. Carmen versuchte seither also loszulassen, was ihr nicht gelang.

Und da kommt meine Theorie: Weil die Schwester es nicht anders kennt, kann sie nicht loslassen, fühlt sich nicht falsch. Die Energie existiert – vielleicht verständlich als in einer Art Parallelwelt – und für sie ist ihre Art zu leben real. Warum sollte sie es aufgeben? Sie hält den Platz in der Aura von Carmen als *ihren Platz in der Familie.* Ich wollte Carmen nun mitgeben, dass sie genau das tun soll – ihrer Schwester einen Namen und einen vollständigen bewussten *eigenen* Platz in ihrer Familie zu geben.

„Kate, ich bin verzweifelt, das habe ich alles schon getan."

„Uffz", rief ich aus. Das war schwere Kost.

„Sie hat von mir einen Namen erhalten, ich habe sehr lange um sie getrauert. Ich habe wirklich schon so viel probiert, was soll ich denn noch tun? Es raubt mir meine Energie und meine Lebenskraft, ich habe zwei kleine Kinder, ich weiß gar nicht mehr, was ich noch tun soll. Nur das mit der spinnenden Elektrik hat aufgehört, als ich sie losgelassen hatte. Warum lässt mich meine Schwester denn nicht los?"

„Weil es nicht deine Schwester zu sein schein. Zumindest nicht mehr."

„Wie bitte?"

„Deine Schwester ist vielleicht nicht mehr in deiner Aura oder wo auch immer sie sich angehängt hatte, aber in das Loch scheint nun jemand anderes angedockt zu haben. Dieses Gefühl erhalte ich gerade. Bestätigt sich auch, weil ein Zuviel an elektrischer Ladung bei der Schwester da war und jetzt nicht mehr."

Da Carmen sich in einem anderen Land befindet und ich mit ihr auf die Ferne arbeitete, war es für mich nicht so einfach, alle Eingebungen richtig zu deuten oder mir genauer anzuschauen. Dennoch wurde mir klar, dass es sich um eine ganz andere Energie, als die der verstorbenen Zwillingsschwester handelte.

Diese Energien, die sich andocken, sind wie Fehlprogrammierungen, wie ein Virus, den man sich eingefangen hat, weil man das Loch der anderen, entfernten Energie nicht geschlossen hat. Wer weiß denn sowas auch schon als Otto-Normalo?

Ich habe Carmen dann erklärt, wie sie ihre Aura aufladen und wie sie die Kraft ihres Solarplexus nutzen kann, um sich die Macht über ihren ganzen Körper und auch ihr Energiefeld wieder zurück zu holen. Sie muss das Zuviel an Energie aus ihrem Kopf holen und die unteren Chakras, die Erdung stärken. Die Energie muss raus aus ihrem Kopf.

Außerdem gibt es eine *Abschneide-Technik* aus irgendeinem Buch über Engel, dass ich vor über zehn Jahren gelesen habe und seither nutze und weitergebe.

Diese *Abschneide-Technik* kann man mit Personen, die einem Energie rauben, genauso durchführen, wie mit Energien, die sich an dich ran geheftet haben – und ja ebenfalls Energie rauben.

„Stell dir vor alle Menschen, mit denen du in Kontakt gehst, verbinden sich mit dir über eine Art Kabel. Diese Verbindung kann man sich vorstellen, wie eine Nabelschnur – ein Ende steckt in deinem Bauch, das andere in der anderen Person/Energie. Fühle das Kabel – ist es dünn oder dick, schwer oder leicht, welche Farbe hat es... visualisiere diese Kabel und dann umfasse es mit einer Hand direkt vor deinem Bauch. Auch wenn du nicht weißt, wie das funktioniert – stell es dir einfach vor.

In die andere Hand visualisierst du eine goldene Schere oder ein goldenes Messer aus Licht. Bevor du dieses Kabel nun von deinem Bauch abtrennst, überlege dir gut, wohin du das offene, abgeschnittene Ende dann anbringst. Du musst dir einen neuen Ort aussuchen – das kann bei einem Menschen sein zuhause sein, ein Baum, ein Ort. Bei einem Chef der nie da ist, dich aber aussaugt und dich alle Arbeit machen lässt, bringe es am Büro an. So einfach ist das. Bei Energien, die du nicht einschätzen kannst, die vielleicht keine lebenden Personen sind, kannst du sie ans Universum, an Mutter Erde, an eine Kirche setzen. Sei kreativ – aber beachte, dass es ein positiver Ort sein muss – du solltest in diesem

Zusammenhang niemals etwas Böswilliges tun. Wie das Verbindungskabel der verhassten Kollegin ans Klo zu hängen oder an einen anderen Menschen, das geht nicht – der Schuss geht nach hinten los. Es gibt kosmische Gesetze, an die sollte man sich halten.

So – also du hältst das Kabel, du hast die Schere/das Messer, du kennst den Ort – und nun schneidest du es durch. Trenne es von deinem Körper ab, direkt am Bauch und nun visualisiere, wie du dieses Kabel an den bestimmten Ort anschließt. Dann lässt du es los und denkst nicht mehr dran, anschließend legst du deine Hand auf die *offene Stelle*, auf das *energetische Loch* auf deinem Bauch und versiegelst diese Stelle mit Licht. Damit sich niemand anderes, auch diese Person, dort nicht mehr an klinken kann. That´s it.
Klingt komisch, funktioniert aber immer.

Carmen geht es mittlerweile erheblich besser und sie hat mich ermutigt, ihre Geschichte in dieses Buch zu fügen, damit die Welt ein weiteres Mal erfährt, dass es mehr gibt zwischen Himmel und Erde, als wir sehen oder wahrhaben wollen. Und, dass wir mit eigener Kraft und der Erfahrung anderer, unsere Selbstheilungskräfte aktivieren können und für *Probleme* durchaus Lösungen finden, selbst wenn wir schon aufgegeben haben.

Außerdem zeigt es wieder einmal, dass Krankheiten nicht unbedingt aus zu viel Stress oder Veranlagung kommt. Und dass die Heilung vielleicht nicht immer auf konventionellen Wegen gefunden werden kann. Dass, wenn die Elektrik in deiner Umgebung spinnt, es irgendeine fremde Energie sein könnte.

Und ganz wichtig...

Sternenkinder

gehören in die Ahnenreihe.

✲ *Children* ARE

THE *hands* BY WHICH,

WE TAKE HOLD OF *heaven*. ☽

HENRY WARD BEECHER

KINDER SIND

DIE HÄNDE

MIT DENEN WIR

DEN HIMMEL

BERÜHREN KÖNNEN.

SONNENstrahl

Du erinnerst dich an Ela? Die, die ihre Chance vertan hatte? Das dünne, zarte Seelchen, was so gerne in Elas Leben getreten wäre, doch einer Karriere im Weg gewesen wär und wieder gehen musste?

Ich traf Ela einige Monate später, nach der Geschichte *Zartheit* beim Einkaufen. Sie war sehr lange nicht mehr ins Yoga gekommen und ich erschrak, wie traurig sie wirkte. Ein bisschen abgemagert und krank begrüßte sie mich, ich fragte mich, ob sie gerade eine Grippe ausbadete. Aber ich sah auch etwas anderes – die Weichheit in ihr war zurückgekehrt. Die viel zu harte Karrierefrau mit festen materiellen Zielen, war wieder viel zarter geworden, fast so wie damals, als ich sie kennen gelernt hatte. Sie glich einer Elfe, wenn auch einer etwas kranken Elfe an diesem Tag.

Als ich nachhause fuhr erinnerte ich mich an die zarte Seele, die damals erschienen war. So leicht, so zerbrechlich – eigentlich hätte sie sehr gut zu ihrer ebenso zerbrechlichen Elfenmama gepasst. Ich wünschte Ela von Herzen, dass die Seele noch einen zweiten Anlauf starten würde, aber wir hatten bei unserer kurzen Begegnung nicht über das Babyseelen oder Kinderthema gesprochen. Nicht einmal über die Beziehung zu ihrem Mann, es war eine freundliche und doch nur knappe Begegnung gewesen.

Etwa ein Jahr später sortierte ich meine Handykontakte, da ich meine Nummer wechseln wollte. Als ich durch die Yogateilnehmer bei WhatsApp scrollte, fiel mir sofort Elas Profilbild auf – auch wenn es noch so klein ist, das war nicht zu übersehen. Ich klickte sofort darauf und konnte meinen Augen kaum trauen.

Auf dieser wunderschönen Fotografie sah ich Ela mit einem kleinen, zarten Baby drauf. Ich schrieb sie sofort an, ob es ihre verloren geglaubte Babyseele sei.

Kate, sie ist genauso, wie du sie beschrieben hast und ich liebe sie über alles. Ich bin so dankbar, dass sie mir und meinem Mann noch einmal eine Chance gegeben hat und zurückkam. Ich bin mir sicher, auch wenn ich nicht deine Fähigkeiten habe, dass sie es ist. Dieselbe kleine Babyseele.

Diese Worte berührten mich zutiefst. Ich war derselben Meinung und bin glücklich, dass Ela noch eine weitere Chance erhalten hatte. Die Seele hatte dieses Mal den richtigen Weg durch das Zeitfenster gefunden.

FÜR *Marie* <3

☽ MANY *days* I FEEL

LIKE A *little girl* STUCK

IN AN ADULT'S *body*

wondering

HOW I *ever* GOT THERE ✳✳

UNKNOWN

·

AN VIELEN TAGEN FÜHLE ICH MICH WIE EIN KLEINES

MÄDCHEN, DAS IN EINEM KÖRPER EINER ERWACHSENEN

FESTSTECKT UND SICH WUNDERT WIE ES JEMALS DA

HINGEKOMMEN IST.

Giraffen BABY

Fast am Ende des Buches lasse ich die ganzen Babyseelengeschichten noch einmal Revue passieren. Ich frage mich: „Hatte ich diese Fähigkeiten schon immer? Oder kamen die einfach so irgendwann?"

Ich konnte schon immer das zukünftige Geschlecht eines ungeborenen Kindes voraussagen, da ich es ganz einfach spürte. Ich vertraute meiner Fähigkeit nicht, deshalb legte ich es immer nur als „Ich tippe mal" aus und erntete amüsierte Begeisterung. Und obwohl ich von Mal zu Mal bestätigt wurde, dass ich es gewusst hatte, wuchs meine Überzeugung mir selbst gegenüber auch in zwanzig Jahren nicht.

Heute weiß ich: Ich konnte es schon immer!

Auch bei meinen eigenen beiden Babys. Ich spürte die Schwangerschaft bereits in der zweiten Woche. Auch wenn mich sowohl Freunde als auch Apotheker oder Arzthelferinnen auslachten: „So früh kann das keiner wissen und so früh kann auch gar kein Schwangerschaftstest das feststellen." – ICH konnte es! Bewies es bei beiden Kindern und erntete Erstaunen.

Die nächste Frage war: „Wann sind die Babyseelen in mein Leben getreten? Waren die auch schon immer da?"

Irgendwie glaube ich das nicht, denn ich halte diese *Babyseelen* für Seelen der „Neuzeit" – es ist eine andere Energie, eine neue Energieform vielleicht, eine neue Welle von Starpeople, mit noch verbesserten Fähigkeiten als die

Vorgänger*versionen*, wie ich. Vielleicht aber auch etwas völlig anderes.

Und dann fällt mir ein, als ich das erste Mal ganz bewusst eine Seele gespürt habe, es aber damals, mit Ende zwanzig, nicht einordnen konnte. Das war vor Beginn des Millenniums.

Meine Freundin Sandy und ihr Mann Marius hatten schon mehrfach versucht schwanger zu werden. Sandy war mittlerweile schon von den Hormonbehandlungen gezeichnet, die ihr nicht gut taten und eine Eileiterschwangerschaft hätte sie fast das Leben gekostet. Das junge Paar war verzweifelt, es hieß der Mann sei gänzlich unfruchtbar. Sandy wünschte sich jedoch so sehnlichst ein Kind, dass die beiden sich manchmal heftig stritten, da Marius es strikt ablehnte ein Kind von einem anderen Samenspender in Sandys Bauch wachsen zu sehen.

„Das ist dann nicht *mein* Kind und davon haben wir schon eins." – Marius hatte Sandys Kind aus erster Ehe adoptiert und behandelte sie wie seine eigene Tochter. Ich konnte nachvollziehen, dass er das mit der Befruchtung durch einen anderen Mann nicht zulassen wollte. Es schien zum Verzweifeln.

Ich war damals eher in der weißen Magie und „Wünsche erfüllen/bestellen" bewandert, statt meiner heutigen Spiritualität. Sandy war zutiefst unglücklich und bat mich um Hilfe.

„Kate, du hast mir damals meinen Mann beigezaubert, jetzt hilf mir auch dabei schwanger zu werden", ich zwinkerte zurück, denn Sandy meinte das mit einem lachenden und einem flehenden Auge.

„Magie hat ihren Preis", zwinkerte ich noch einmal.

Sandy lachte: „Ja ich weiß, beim tollen Mann kamen die bösen Schwiegereltern mitgeliefert", sie verdrehte die

Augen. Ich hatte feststellen müssen, dass meine „Wunschbestellungen" stets perfekt funktionierten, doch irgendwie gab es immer irgendein kleingedrucktes Übel, welches beim *Wunsch* mitgeliefert kam. Deshalb sagte ich immer „Magie hat ihren Preis."

Sandys Mann hatten wir damals nicht nur bis ins kleinste Detail auf zwei Seiten DinA4 beschrieben, er wurde auch genauso geliefert. Bis eben auf die bösen Schwiegereltern, die an Marius nun mal eben dranhingen. Das war der Preis für die Männerwunschmagie. Aber damit konnte Sandy leben.

„Aber wenn du es ganz lieb meinst und ein Baby ist doch was Schönes, ein wundervoller neuer Erdenbürger, dann wird die Energie, das Universum oder wer auch immer das schickt, doch Mitgefühl haben und den Preis klein halten...", ich atmete lauthals aus, während Sandy mich bekniete.

„Sandy, ich kann dir nicht versprechen, aber ich kann ja Heilenergien herbeirufen."

Und das tat ich am Abend auch. Vielleicht nicht so, wie Sandy das erwartete – denn mit Magie beim Babymachen rumzupfuschen, da war mein Respekt einfach zu groß. Ich schickte einen Wunsch für sie ins Universum und bat darum, dass das Licht sie heilen und ihr ein Baby schenken möge.

Einige Zeit passierte gar nichts. Sandy hatte sich etwas zurückgezogen und trauerte, oder stritt mit ihrem Mann wegen des unerfüllten Kinderwunsches. Meine Ma und ich schlenderten mit meinem Baby Nummer eins im Kinderwagen und meinem Babybauch Nummer zwei durch die Kleiderauswahl von C&A, als ich eine Stoffgiraffe erblickte. Ich wurde so sehr von ihr angezogen, dass ich sie kaufen *musste.*

Cheyenne, meine kleine Maus, wollte mit ihr kuscheln, aber ich erklärte ihr, dass ich sie unbedingt einer Freundin schicken musste, da sie für ein neues Baby wäre. Meine

Zweijährige verstand es natürlich nicht, ließ sich aber durch einen bunten Teletubbie von der Giraffe ablenken.

Zuhause packte ich die Giraffe in Geschenkpapier und brachte es am nächsten Tag zur Post. Sandy und ich wohnten zwar nicht allzu weit voneinander entfernt, aber ich wollte sie unbedingt überraschen und sie nicht wissen lassen, dass das Kuscheltier von mir kam. Irgendetwas hatte mich dazu getrieben diese Giraffe zu kaufen und an Sandy zu schicken – ich spürte, es war etwas Magisches auf dem Weg. Doch damals zweifelte ich so sehr an mir, dass ich mich nicht traute es auszusprechen oder Sandy Hoffnung zu machen. Also sendete ich ihr ohne Worte einfach nur dieses Stofftier.

Einige Tage später ging ich ans Telefon und es schrie eine junge Frauenstimme aus dem Hörer. Sandy.

„Du hast es gewusst, woher hast du es gewusst? Hast du doch einen Zauberspruch gefunden? Du hast es gewusst, komm gib's zu!", rief sie aufgeregt und klang, als wäre sie in Tränen aufgelöst – vor Freude nahm ich allerdings an, denn es klang frohgestimmt.

„Von was redest du, Süße?"

„Kate, ich bin schwanger! Ich bin tatsächlich schwanger! Ich wusste erst nicht, wer mir diese Giraffe geschickt hat und du wirst es nicht glauben, aber ich habe mir fest vorgenommen, wenn ich schwanger werden würde, das Kinderzimmer mit Zootieren und – warum auch immer – ganz vielen Giraffen zu füllen. Ich habe eine regelrechte Sucht nach Giraffen auf einmal und heute, Kate, heute waren wir beim Arzt, weil ich Angst hatte, dass ich wieder eine Eileiterschwangerschaft hätte – doch der Arzt wirkte plötzlich total aufgeregt und überrascht, wir wissen alle nicht wie das hatte klappen können – aber ohne Scheiss, Marius und ich haben mit ganz normalem Sex ein Baby gezeugt, Kate ich bin schwanger!!!" Sie quasselte wie ein Wasserfall, ich hüpfte jubelnd im Kreis und freute mich so sehr mit ihr. Unglaublich, wie sehr die Giraffe gepasst hatte und ich fragte mich für einen Moment, woher ich das gewusst hatte. So wie ich mir auch sicher gewesen war, dass es ein Junge werden würde.

Das wurde es. Ein kerngesunder Junge.

Sandy glaubte mir nie, dass ich nicht doch Hokuspokus fabriziert hatte. Sie war überzeugt, dass es mein Verdienst gewesen war. Ich glaube, dass es der Punkt war, an dem sie aufgegeben und losgelassen hatte – und ich glaube, vielleicht, ganz vielleicht hat auch mein kleines Stoßgebet etwas nachgeholfen – wer weiß das schon.

Wichtig ist – Das Universum hat *erlaubt*, dass dem Paar ein neuer Erdenbürger geschenkt wurde und das ist ein Wunder. Wie ich einige Jahre später erfuhr hat dieses Wunder sogar noch einen Bruder bekommen.

FÜR *Ben* <3

⁂ *When* A CHILD

·COMES INTO *your* LIFE,

IT'S *time* TO *relearn* LIFE.

NOT *teach* THEM *your* WAYS. ☾

SADHGURU

WENN EIN KIND

IN DEIN LEBEN TRITT

IST ES ZEIT

DAS LEBEN NEU ZU ERLERNEN

LEHRE ES NICHT DEINE WEGE

Just A FEW *words* MORE

Es gibt so viel mehr zwischen Himmel und Erde, als das, was wir sehen, hören oder fühlen können. Selbst wenn wir sie nicht wahrnehmen, so gibt es nicht nur Geister, Seelen von Verstorbenen, Wesenheiten und Energien – es existiert so viel mehr, was wir nicht wissen und auch nie erkennen, wenn wir uns dafür nicht öffnen, damit sich die geistige Welt uns mitteilen kann.

GEDANKEN *werden* DINGE

Diesen Spruch nutzen so viele und beziehen ihn oft nur auf materielle Dinge. Aber für mich heißt der Spruch: ALLES ist möglich. Auch wenn ich manchmal gar nicht weiß wie. Manche Menschen behaupten, dass das was er/sie sagt, die absolute Wahrheit sei. Zum Beispiel, dass nur bestimmte „Auserwählte" mit den Erzengeln kommunizieren könnten oder, dass nicht jeder mediale Fähigkeiten hätte. Für mich ist das Quatsch und ein Denken voller Beschränkungen.

Ich habe vor kurzem den deutschen Film „Die Übersinnlichen – Das geheimnisvolle Potenzial der Seele" von Thomas Schneider gesehen. Manche Aussagen der „Profis" widersprechen sich gegenseitig. Bei den einen Medien fühlte ich absolute Zustimmung, während andere mir nicht nur unsympathisch waren, sondern ich dem, was sie behaupten, nicht zustimmen kann. Aber das ist okay.

Wer kennt also nun die ganze Wahrheit?

Wir haben Unmengen an Dimensionen in denen wir uns bewegen können, also darf sich auch jeder in seiner Realität frei äußern, bewegen und danach leben.

MACH KEIN *Dogma* DRAUS

Diese Weisheit habe ich von meinem Kundalini Yoga Guru[7] Yogi Bhajan als wichtigen Bestandteil meines Lebens gelernt.

Alles was irgendwo geschrieben steht, weil es irgendjemand sagt; alles was irgendjemand gesagt hat, weil er für viele Menschen ein unbestreitbar heiliger Avatar ist, so ist das für mich aber noch lange nicht Gesetz.
Ich möchte meinen Geist nicht beschränken durch das, was jemand anderes behauptet – es reichen mir schon meine eigenen Beschränkungen, die ich vielleicht programmiert habe.

Die Zeit der „Babyseelen" ist nur ein Teil meiner „Spirituellen Erfahrungen" – sämtliche meiner Erlebnisse mit Schamanen, Heilern, Hexen und allem möglichen, *verwurschtel* ich gerade in einem anderen Buch.

Ich habe schon immer alles in Frage gestellt, was ich hörte – seit ich ein kleines Mädchen war. Auch wenn alle anderen sagten, das, was ich erzähle ist nur Märchenkram, erfunden oder eingebildet, so war und ist für mich vieles Realität, was für andere totaler Humbug ist.

---

[7] Bei *Guru* denken manche direkt an eine Sekte. Doch *Guru* heißt schlichtweg *Lehrer*. Er führt dich von der Dunkelheit (Gu) ins Licht (Ru).

Dennoch behaupte ich nicht, dass es DIE Wahrheit ist, was ich erzähle – das was ich erlebe oder an was ich glaube, muss für niemand anderen *wahr* sein – es ist meine eigene *Dimensionsrealitätswahrheit*.

WAS IST NUN DAS *Verlangen* MEINER *Seele?*

Das habe ich mittlerweile herausgefunden.

Das Leben zu surfen wie es kommt, meine Fähigkeiten auszubauen und im Hier und Jetzt zu leben. Und fall ich vom Surfboard, klettere ich wieder drauf und spüre an meinen blauen Flecken, dass ich lebe.

DEINE Kate

katebono.com
books@katebono.com

Weitere bereits erschienene Bücher der Autorin

AYNIL – Lovestories (2016)
ISBN 978-3-7412-1084-6

In Wahrheit gelogen – Band I (2018)
ISBN 978-3-7528-4313-2

In Wahrheit gelogen – Band II (2019)
ISBN 978-3-7494-3597-5

Danke meinen **Kindern Cheyenne & Sheila** dafür, dass ihr Euch immer wieder meine Geschichten und Erlebnisse anhört, selten an dem zweifelt, was ich erzähle und mir damit den Mut gebt, solch ein Buch zu schreiben. Ihr seid ihr *meine* ersten *Babyseelen* gewesen. Nie werde ich den Blick vergessen, mit dem mich jede von euch direkt nach der Geburt angeschaut hat – mit großen, wissenden schwarzen Augen. Ein ganz besonderes Danke von Herzen auch an Aykut, pass mir auf mein Baby Nummer eins auf ♥ **Danke an Ute**, die meine Kapitel sorgfältig durcharbeitete, und dabei so hart aber herzlich mit mir umgeht. Ich bin so dankbar, dass du dich nicht scheust, mir deine Kritik entgegen zu werfen – nur aus Fehlern können wir lernen und Kritik lässt uns besser werden. Danke, dass du so geduldig mit mir bist. Danke auch an deinen Mann Klaus, dessen amüsante „bissig witzige" Kommentare ich bei meinen Besuchen bei euch sehr schätze. ♥ **Danke an Anna Carina Porth**, die mir seit unserem gemeinsamen Heartwall-Training eine wundervolle Freundin geworden ist. Ich danke dir für deine Mühe und Liebe, die du ins Fotoshooting mit den Kids und das Cover gesteckt hast, neben all dem eigenen Kram, den du zu tun hattest. Danke für das Finden und Fotografieren des Cover-Mädchens und nicht zuletzt für dieses unglaublich schöne Cover von Babyseelen. Das Ergebnis ist schöner, als ich es mir hätte vorstellen können. ♥ **Danke an meinen „spirituellen" Therapeuten** Guido B., der mit mir in vielen Sitzungen meine inneren Kinder aufsammelte und mir beibrachte, dass die Heilung in uns selbst liegt, der mir immer Tools mit auf den Weg gab, mit denen man auch alleine seine innere Welt erkunden und aufräumen kann. (Er is gar kein spiritueller Therapeut, ich bezeichne ihn aber so, da ich mit ihm meine ersten bewussten Meditationsreisen in mein Unterbewusstsein und hin zu meinen inneren Kindern unternahm). ♥ **Danke an die kleine Ida**, das kleine Mädchen auf dem Coverfoto, ihr Blick spricht mehr als tausend Worte. Danke ganz besonders auch an die Eltern der kleinen Maus für die Erlaubnis, dieses wundervolle Foto als Coverbild für *Babyseelen* verwenden zu dürfen. Es ist, als wenn es genau dafür gemacht wurde. ♥ **Danke an die Kinder** und Mamas und Papas des Fotoshootings am 03.11.2019. Mir tut es wirklich leid und es fiel uns nicht leicht, dass wir uns für ein anderes Foto entschieden haben und hoffen, dass ihr nicht allzu enttäuscht seid. Es war ein so toller Tag, ihr habt wundervolle Kinder, die ich in den wenigen Stunden in mein Herz geschlossen habe. Danke an die Kinder Mariella & Marcel, Jonas, Leo & Lias, Philomena, Clara & Paula und natürlich an die Mamas & Papas. ♥

THANK *you*

creative.spirit.soul

Die Lichthüterin | Hüter des Lichts
Anna Carina Porth
www.freilux.de
mail@freilux.de

Dahinter stehe ich - Anna Carina Porth, 30 Erdenjahre jung und seit 2019 Mama mit Leib & Seele ♥

Ich bin ein absoluter Freigeist, gesegnet als Empath gepaart durch Hochsensibilität auf der Zielgeraden zum Vollzeit Homospiritus.

Freilux steht für Sensibilität, Empathie, Freiheit & Spiritualität und dient als Dachmarke für mein vielseitiges Sein und Wirken als Fotografin, Kommunikations-designerin (Grafikdesign) sowie spirituelle Frauenbegleiterin. (Kinderwunsch, Schwangerschaft, Geburt, Trauer)

FOTOS SIND LEBENDE ERINNERUNGEN
UND DAS FENSTER ZUR WELT.

Die Fotografie ermöglicht mir, Gefühle und Emotionen auszudrücken und gleichzeitig festzuhalten. Was gibt es schöneres als wertvolle Momente mit unseren Liebsten. Diese Augenblicke der Glückseligkeit sind unbezahlbar und die Zeit mit unseren Kindern vergeht wie im Flug. Daher liebe ich es, auch für Euch etwas Bleibendes zu kreieren, womit Ihr zu jederzeit emotional in die Vergangenheit eintauchen könnt um diesen Moment, diese wertvolle Erinnerung, noch einmal nachzuempfinden.♥

FOTOGRAFIE
❀ Natürliche Familienfotografie mit Herz ♥
pure.love.real

Ich begleite von Herzen eure Schwangerschaft, die Geburt, halte die ersten Tage eures Wunders und magischen Familienglücks bei Euch zu Hause in Wohlfühlatmosphäre fest und begleite gerne eure freie Trauung im Zeichen der Liebe.

INTUITIVES SPIRITUELLES GRAFIKDESIGN
Mein Ziel ist es, Dich auf Deinem Weg der Sichtbarkeit mit Deiner Bestimmung und Deinem Seelenbusiness zu begleiten. Indem ich, Dich und Dein Sein, authentisch hervorbringe und strahlen lasse.

DIE GEBURT IST EINE WICHTIGE ERFAHRUNG UND PRÄGT UNS FÜRS LEBEN.

SPIRITUELLE FRAUENBEGLEITUNG

Rundum Kinderwunsch, Schwangerschaft, Geburt, Trauer & das Mamaleben *light.heal.love*
Begleitung der Seele für den Übergang in Geburts-/ Sterbe und Aufstiegsprozess. Unterstützung bei unerfülltem Kinderwunsch | Geburtsvorbereitung | Geburtshilfe | Wochenbettbetreuung | Familienbetreuung | Trauerbegleitung. ❤

Weitere wichtige Aspekte: innere Kommunikation – das Erkennen und Selbstwert der Seele von Mutter und Kind | Auflösen von Geburtstraumen | Ankommen im Körper.

Meine Hauptaufgabe als Geburtspriesterin besteht darin, den Kindern die Möglichkeit zu geben als wache Seele auf die Erde zu kommen, ihr eigenes Licht zu erkennen und für ein Leben im Einklang mit der eigenen Bestimmung durch die Begleitung der Eltern. Sowie die Vorbereitung auf ein positives und selbstbestimmtes Geburtserlebnis für Mutter und Kind, durch das eigene vertrauen auf die eigene Kompetenz, Intuition und Kraft.

Taucht ein in meine Welt und schaut ob's Euch gefällt.

Sat Nam & Namasté

Anna Carina ❤

Zum Schluss noch ein paar rechtliche Hinweise

Ich gebe in meinen Yogakursen, in Coachings, mit diesem Buch und in Trance-Healings keinerlei Heilversprechen und stelle auch keine Diagnosen. Die Energien mit denen ich arbeite oder von denen ich spreche, können lediglich die Selbstheilungskräfte des Klienten unterstützen, stärken und/oder aktivieren. Die Anwendung meiner Ratschläge und Anregungen ersetzen keine medizinische und/oder psychotherapeutische Diagnose und/oder Therapie durch einen Arzt, Psychologen, Psychiater oder Heilpraktiker. Ich nehme keine Heilbehandlung vor. Es liegt in der Eigenverantwortung des Klienten für eine medizinische Diagnose oder Heilbehandlung einen Arzt, Heilpraktiker, Psychiater oder andere Fachexperten zu konsultieren. Für einen spirituellen Ratschlag/Geistheilung kann naturgemäß keine Erfolgsgarantie gewährt werden, dh. für das Nicht-Eintreten einer gewünschten Wirkung übernehme ich keine Haftung. Somit können keine Ansprüche wegen Heilung, Verbesserung oder Verschlechterung der Beschwerden gegen mich geltend gemacht werden und positive Effekte nicht garantiert werden.

Das vorliegende Buch ist sorgfältig erarbeitet worden. Dennoch folgen alle Angaben ohne Gewähr. Weder Autor noch Verlag können für eventuelle Nachteile oder Schäden, die aus den im Buch gemachten praktischen hinweisen resultieren keine Haftung übernehmen. Sollte dieses Buch Links auf Webseiten Dritter enthalten, so übernehmen wir für deren Inhalte keine Haftung, da wir diese nicht zu eigen machen, sondern lediglich auf deren Stand zum Zeitpunkt der aktuellen Veröffentlichung hinweisen. Alle allgemeinen Personenbezeichnungen sind aus Gründen der Leserfreundlichkeit möglichst genderneutral gehalten, meistens nahm ich die gewohnte männliche Form, alle Angaben beziehen sich auf alle Geschlechter gleichermaßen. Bei der Erwähnung von Locations, Restaurants, Filmen, Büchern, Produkten etc. in meinem Buch handelt es sich lediglich um meine eigenen Vorlieben und Erfahrungen damit, es handelt sich nicht um bezahlte Werbung!